W0083489

Wieland
Backes
Unmöglich!

WIELAND BACKES‹ HUMORVOLLER BLICK AUF UNSERE ZEIT

Wieland Backes hat als Erfinder und langjähriger Moderator der renommierten SWR-Talkshow »Nachtcafé« fast drei Jahrzehnte ein großes Publikum für sich erobert. Sanft und doch insistierend, immer respektvoll und meistens mit viel Humor hat er sich über die Jahre mit den Lebensgeschichten von über fünftausend Gästen auseinandergesetzt.

Jetzt, mehr als ein Jahrzehnt nach Abschluss seiner Fernsehkarriere, hat er sich wieder mit den großen und kleineren Fragen des Lebens beschäftigt, aber auf andere Art und Weise. Der Unterschied: Seine unmöglichen Geschichten entstammen nicht der Wirklichkeit, sondern seinem Kopf, seiner Fantasie. Und obwohl die Handlungen frei erfunden sind, transportieren sie viel über die Gesellschaft, in der wir leben: »Erfundene Geschichten, die das Leben schrieb«, ein wirklichkeitsnahes Abbild unserer Zeit. Erkenntnisreich, spannend und mit einem gehörigen Quantum Humor.

© privat

Wieland Backes, geboren 1946, studierte Chemie und Geographie und promovierte 1978 zum Doktor rer.nat.

Nach dem Studium führte ihn seine Leidenschaft für das Fernsehen zum SDR (heute SWR) In rascher Reihenfolge wurde er Reporter, Dokumentarfilmer, leitender Redakteur und schließlich Moderator. Als Gastgeber seiner mehrfach ausgezeichneten Talkshow Nachtcafé war er rund 28 Jahre auf Sendung und und schrieb damit Fernsehgeschichte.

Darüber hinaus ist er Mitbegründer des Stuttgarter Literaturhauses sowie des Instituts für Moderation an der Hochschule der Medien.

Sein erstes Buch »Geschichten aus dem Nachtcafé erschien 2002. 2021 folgte seine Autobiographie unter dem Titel »Ich war ein schüchternes Kind vom Lande.« Er ist Träger des Bundesverdienstkreuzes.

Wieland Backes

Unmöglich!

Erfundene Geschichten, die das Leben schrieb.

Gefällt mir!

Facebook: @Gmeiner.Verlag
Instagram: @gmeinerverlag

Besuchen Sie uns im Internet:
www.gmeiner-verlag.de

© 2024 – Gmeiner-Verlag GmbH
Im Ehnried 5, 88605 Meßkirch
Telefon 0 75 75 / 20 95 - 0
info@gmeiner-verlag.de
Alle Rechte vorbehalten
1. Auflage 2024

Lektorat: Isabell Michelberger
Herstellung: Julia Franze
Umschlaggestaltung: Veronika Buck
unter Verwendung eines Fotos von: © Ferdinando Iannone
Druck: GGP Media GmbH, Pößneck
Printed in Germany
ISBN 978-3-8392-0654-6

INHALT

UNMÖGLICH IST MÖGLICH

VERSUCH EINES VORWORTS

Es klingt vielleicht etwas anmaßend, aber ich glaube, meine über Jahrzehnte gesammelten Lebenserfahrungen unterscheiden sich von denen anderer Menschen. Nicht, dass ich mich für etwas Besonderes hielte, aber die Fernsehsendung, die ich mehr als 26 Jahre moderiert habe und in der rund 5.000 Menschen meine Gäste waren, hat in meinem Kopf ihre unauslöschlichen Spuren hinterlassen: die Talkshow Nachtcafé im Fernsehen des SWR.

Ob Hochstapler oder Menschenfreunde, ob Weltenretter oder dem Tod Geweihte, ob unglückliche Millionäre oder selig Liebende, ich habe mich tief hineingegraben in ihre Lebensläufe und bin oft zur Erkenntnis gekommen, das klingt fast so, als wäre es erfunden, einfach unmöglich. Aber nein, es war meistens ein Stück wahres Leben, Gespräche, die meinen Zuschauerinnen und Zuschauern das Gefühl gaben, sie werden zu Lernenden in eigener Sache.

Ich habe mich gefragt: Wenn die Realität schon so voll von unglaublich anmutenden Geschichten steckt, was erzählen uns dann solche, die allein der Fantasie entsprungen, einfach erfunden sind?

Nach meinem Abschied vom Bildschirm habe ich die »Unmöglichen Geschichten« für mich entdeckt, ihren besonderen Reiz, ihren Witz und zuweilen sogar ihren hintergründigen Tiefgang.

Auf den folgenden Seiten geht es um Liebe und Verrat, um Ängste, Hoffnungen und Tugenden, um Egoismus und Vorurteile. Die Geschichten sind alle frei erfunden, eine Ähnlichkeit mit lebenden Personen wäre rein zufällig. Aber, wahrscheinlich steckt gerade deshalb in diesem kleinen Buch etwas, das mehr über uns mitteilt als die pure Realität. Tauchen wir ein, in die wahre Welt des Unmöglichen.

Stuttgart im März 2024   Wieland Backes

1 LIEBESVERRAT

Ist sie das? Das kann sie nicht sein. Oder doch? Er hat über seine Wahrnehmung noch nicht entschieden, da ist sie auch schon wieder verschwunden, entschwunden mit der Buslinie X 17, die zum Kongresszentrum führt.

Sie wohnt nicht hier – da ist er sich sicher. Warum soll sie auch ausgerechnet hier leben, in der Stadt, die für das dunkelste Kapitel ihres Lebens steht. Wenn sie es überhaupt war.

Doch! Plötzlich ist er sich ganz sicher. Sie war es. Nicht ihr Gesicht gibt ihm die Gewissheit, das sah er vor mehr als drei Jahrzehnten zum letzten Mal. Es ist ihr unverwechselbarer Gang, begleitet vom Klacken ihrer Schuhe. Klack-klack, klack-klack, so kannte und liebte er sie. Einst.

Jetzt bloß nichts zu wichtig nehmen, rasch vergessen, ignorieren. Hoffentlich hat sie nicht dasselbe Ziel wie er. Vielleicht hat er sich das alles ja nur eingebildet. Doch sie lässt sich, genau wie früher, nicht so einfach aus dem Kopf vertreiben.

Eine Stunde später sitzt er in der gut besuchten internationalen Konferenz, in der ihm als Elder Chairman eine exponierte, ehrenvolle Rolle zugedacht ist. »Was kommt nach der künstlichen Intelligenz?« Das Thema ist kühn gewählt, denn es bietet mindestens so viel Raum für kreative Fantasie wie für schwärzesten Kulturpessimismus. Alle, die einen Namen haben in diesem Zukunftsfeld, sind anwesend, eine wissenschaftliche Elite, der ohne Zweifel auch er angehört. Und dieses Mal ist er sogar auserwählt, mit einer Keynote persönlich das Treffen zu eröffnen. Von ihr keine Spur, weder sah er sie bisher noch steht ihr Name in der Teilnehmerliste.

Und jetzt, sein Auftritt: Er ist bestens präpariert, die Erwartungen im Saal spürbar hoch. »Meine Damen und Herren, werte Kolleginnen und Kollegen.« Und dann nichts mehr. Der Referent verstummt, hat offenbar Schwierigkeiten, sich überhaupt auf den Beinen zu halten. Ein zitternder Griff nach dem Wasserglas, dann sinkt er hinter dem Rednerpult wie ein nasser Sack in sich zusammen, verliert das Bewusstsein.

Der Arzt im städtischen Krankenhaus versucht sein Bestes. Ohne Zweifel ein Infarkt. Ungewöhnlich ist nur, dass der Patient wild um sich schlägt und außerdem auch noch permanent schreit: »Nein, nein, nein!«

»Haben Sie in letzter Zeit etwas besonders Einschneidendes erlebt?« Der Klinikpsychologe, der vorsichtig diese Frage stellt, ist erfahren genug, um bei seiner Ursachenfahndung nicht orientierungslos im Trüben zu fischen. Zunächst sitzt der seltsame Patient nur schweigend da. Dann aber bricht es förmlich aus ihm heraus. Und was der Psychotherapeut nun zu hören bekommt, ist selbst für den erfahrenen Fachmann schwere Kost.

»Ich wollte nicht daran glauben, aber ich habe sie wiedergesehen, völlig überraschend, die Frau, von der ich hoffte, dass ich sie aus meinem Leben endgültig entfernt hätte. Die Frau, die mir das Schlimmste angetan hat. Sie hat mir meinen Glauben an ihre Wahrhaftigkeit geraubt, noch schlimmer, meinen Glauben an die Einmaligkeit einer beispiellosen großen Liebe, unserer Liebe. Ich habe mich danach nur noch in die Arbeit gestürzt, habe alles versucht, um sie zu vergessen. Seit Jahrzehnten lebe ich in einem anderen Land, auf einem anderen Kontinent. Mein halbes Leben habe ich vergessen und verdrängt. Das ist mir tatsächlich gelungen, zumindest bildete ich es mir ein.« Er spricht angestrengt, immer wieder hat er Mühe, die Fassung zu wahren. »Als Physiker kämpfte ich mich im Bereich ›Künstliche Intelligenz‹ zur Spitzengruppe durch. Ein gigantisches Ablenkungsmanöver von dem, was mich viel mehr umtrieb: sie. Wissen Sie, dass meine lange, große Liebe nicht nur sprichwörtlich, sondern tatsächlich im Sandkasten begann? Ja, im Sandkasten, im Sand ...«

Dann versiegen seine Worte. Die penetranten Alarmtöne der Überwachungsgeräte beherrschen plötzlich den Raum, lösen hektische Aktivität aus. Matthias Meerbusch ist erneut ohne Bewusstsein. Die Erzählung, der Film, der gerade beginnen sollte, findet seine Fortsetzung im Kopf des Patienten, bruchstückhaft, schemenhaft.

Unscharfe Schwarzweißbilder zeigen eine Militärkolonne, die die Dorfstraße passiert. Im Jeep sitzen Soldaten mit rußgeschwärzten Gesichtern. Manche lächelnd, winken sogar. Eine junge Frau spricht gestikulierend auf einen Mann im Anzug ein. Offenbar ein Einheimischer. Sie hat ein kleines Mädchen bei sich, auf das sie immer wieder deutet. Der Einheimische schüttelt den Kopf.

Der kleine Koffer zu Füßen von Mutter und Tochter sieht so schäbig aus wie das heruntergekommene Mehrfamilienhaus, vor dem sie stehen. Eine Notwohnung, zwangsweise zugeteilt. Mutter und Tochter auf zehn Quadratmetern, die Toilette sollen sie sich mit den anderen im Haus teilen, sagt der Mann im Anzug. Und wo ist der Vater?

Jenseits des Gartenzauns rührt sich Neugier. Keck fragt eine Jungenstimme: »Wer bist du denn?«

»Ich heiße Edelgard.«

Höhnisches Gelächter aus dem Nachbargarten. Wirklich sehr komisch dieser Name, denkt der Junge. »Meinst du, wir brauchen solche wie dich hier?«

»Ja, das meine ich«, lautet die Antwort, die keinen Widerspruch duldet. Tags drauf sitzen die beiden gemeinsam im Sandkasten und haben gleich den ersten Streit.

Auf Intensiv vier hält der Klinikpsychologe die Hand des Patienten. Als dieser langsam wieder die Augen öffnet, wiederholt er leise und gebetsmühlenartig immer wieder diesen Satz: »Ja, das meine ich, ihr braucht solche wie mich hier.«

»Ich hätte es als Warnung verstehen sollen. Aber damals im Sandkasten, meinem Sandkasten, in dem sie sich ganz ohne Einladung selbstbewusst niedergelassen hatte, war es letztlich schon um mich geschehen. Sie war gescheit, schön und zielstrebig. Sie wusste, was sie wollte. Und ich wusste es sehr bald ebenfalls. Ich wollte sie. Ich habe mich unumkehrbar in sie verliebt – und das gerade mal mit sieben Jahren.«

»Wir sollten dem Patienten jetzt wieder Ruhe gönnen, sein Zustand ist noch immer sehr labil.« Die Strenge der Stationsschwester ist nicht verhandelbar. Beim Hinausgehen ahnt der Psychologe, dass ihm soeben der Anfang einer menschlichen Katastrophe geschildert worden ist.

»Hast du keinen Vater?« Jahre später sagt sie: »Dass du ausgerechnet gleich zu Beginn diese Frage gestellt hast, die alle stellten, sprach nicht gerade für dich. Ja, er war ein lebendes Nazi-Klischee: groß, blond, blauäugig. Soll ich das jetzt alles wiederholen? Wir dachten am Ende des Krieges noch lange Zeit, eines Tages steht er wieder vor der Tür. Aber er stand nicht vor der Tür, nie mehr. Und eine Mutter besaß ich ebenfalls fast keine mehr. Sie hat die Folgen von Krieg und Flucht nie hinter sich gelassen. Der Arzt sagte, sie sei schwer traumatisiert – verhärtet, würde ich sagen. Ich glaube, ich musste in diesem trostlosen Gespann von klein auf die Starke spielen.«

Als diese Worte fallen, sind beide schon aus dem Sandkasten herausgewachsen. Edelgard, das Flüchtlingskind, das mit ihrer strengen Mutter noch immer in der erbärmlichen Notwohnung wohnt, und Matthias, bei dem sich jeder fragt, wie es kommt, dass sich seine Familie nach wie vor dieses Haus leisten kann, das so gar nicht in diese Gegend und zur Not der ersten Nachkriegsjahre passen will. Als Anwalt ohne Nazivergangenheit und mit perfektem Englisch ist der Vater in diesen Tagen eine gefragte Seltenheit. Er gewann schnell das Vertrauen der alliierten Militärregierung. Über seine Mitgliedschaft in der kommunistischen Partei schauen sie zunächst großzügig hinweg.

Der Sohn eines gut verdienenden Anwalts und die Tochter einer Stenokontoristin ohne feste Anstellung. Mit Argwohn blickt die Mutter auf das, was sich offensichtlich zwischen den beiden anbahnt. Sie spürt ohne Zweifel: Das ist keine Kinderfreundschaft mehr, auch keine »Kinderliebe«, das ist mehr.

»Ich will nicht, dass du dich mit Matthias weiter triffst. Das ist nicht gut für dich. Er hat eine andere Herkunft, die passt nicht zu uns.«

Es ist nicht nur die andere Einkommensklasse, die nach Ansicht der Mutter eine unverrückbare Barriere bildet. Sie selbst stammt aus einem religiösen Elternhaus. Der Sohn des Nachbarn hat dagegen die atheistischen Thesen seines politisch linken Vaters offenbar kritiklos übernommen.

Aus der Beziehung der beiden, inzwischen elf und dreizehn, hat sich längst etwas entwickelt, das mit dem Begriff

»Kinderliebe« tatsächlich nicht mehr zu erfassen ist: Sie gehören einander, teilen jede freie Minute. Dies, obwohl sie erwartungsgemäß höchst unterschiedliche Schulen besuchen: er das örtliche Gymnasium, sie eine Realschule. Ihren Verbleib in der Volksschule konnte Edelgard nach Intervention ihres Klassenlehrers gerade noch abwenden.

Doch die Order der Mutter bleibt nicht folgenlos.

»Wir sollen uns nicht mehr treffen. Ist das das Ende?«

»Willst du das?«

»Nie! Mein ganzes Leben lang, nie!«

In ihrem Heimatort machen sich die Schulfreunde schon lustig über das junge, alte Ehepaar, die unheilbar Liebenden. Wie oft steht er mit selbst gepflückten Blumen vor der Tür der Realschule, liest ihr auf einer Parkbank seine selbst verfassten Gedichte vor. Was die Schulfreunde darüber denken, ist ihm egal.

Auf fast endlosen Spaziergängen mit noch endloseren Diskussionen verbeißen sie sich in heftige Streitereien über Gott und die Welt – genau genommen kreisen ihre Dispute aber meistens irgendwie um die Gretchenfrage, denn die religiöse Prägung aus Edelgards katholischem Elternhaus erweist sich als weit resistenter als Matthias es erwartete. Die Kluft zwischen ihnen erscheint an diesem Punkt unüberwindbar. Am Ende des Disputs aber will sich trotzdem keiner vom anderen trennen. »Wenn man unserer Liebe ein Ende setzen will, dann treffen wir uns eben heimlich.«

In den ausgedehnten Wäldern, die das Dorf umgeben, findet sich genügend Platz für Heimlichkeit. Auf ihren Streifzügen machen sie eines Tages eine überraschende Entdeckung. Sie nennen sie »unsere Höhle«, eigentlich ist es nur eine Grube, ein Erdloch, vielleicht die Hinterlassenschaft eines entwurzelten Baums. Aus Laub und Tannenzweigen bauen sie sich da ihr geheimes Nest, ihr Liebesnest. Zum Glück ist die Mutter wieder berufstätig, das entspannt ihre Situation enorm.

Zunächst fast unmerklich, doch dann immer deutlicher, verändert der heimliche Fluchtpunkt ihre Liebe mehr und mehr. Aus der puren Leidenschaft entwickelt sich eine Art Schutz- und Trutzbündnis. Die Mutter wird jetzt zum erklärten Feind. Wie konnte sie nur etwas unterbinden wollen, was nach ihrem Glauben der Allmächtige doch selbst zusammengeführt hat?

Eine Art Nestbautrieb lässt das Erdloch immer gemütlicher werden, Decken und Kissen kleiden es kuschelig aus. Heimelig und heimlich, das ist die Basis ihres verschworenen Liebessommers. »Diese Zeit soll nie zu Ende gehen, sie gehört nur uns beiden«, flüstert Edelgard und schon schlafen die beiden ein.

Als sie wieder aufwachen, ist es bereits dunkel. Allerdings nur noch für wenige Sekunden. Dann brennt sich grelles Scheinwerferlicht in ihre noch schlaftrunkenen Gesichter. Die Polizei. Im Hintergrund die völlig verzweifelte Stimme der Mutter: »Edelgard, warum tust du mir das an?«

Auf der Wache lässt der Beamte ohne zu zögern den Ausdruck »Unzucht mit Minderjährigen« fallen und erwähnt dabei pflichtschuldig auch den § 180 des Strafgesetzbuches, der die Eltern mit dem Tatbestand der Kuppelei in Verbindung bringt. »Wir werden in dieser Sache auch die Eltern des jungen Mannes einbestellen«, kündigt der Polizist an.

Für eine Anklage vor Gericht reicht das Polizeiprotokoll nicht aus. Aber in der Stadt wissen es jetzt alle. »Wahrscheinlich ist sie auch noch schwanger«, wird gemunkelt. Diskret entledigt sich das Gymnasium auf kürzestem Weg seines rufschädigenden Schülers. Während Vater Meerbusch durch eine solide Geldspende für Mathias mit leichter Hand die Tore einer gehobenen Privatschule öffnet, sucht Edelgards Mutter in ihrer Verzweiflung nach Hilfe von oben, in Gestalt eines fachkundigen Rats des katholischen Ortsgeistlichen: »Edelgard braucht eine Erziehung im Glauben – und eine feste Hand, die sie auf den geraden Weg zurückführt.«

Das Mädchenheim Sankt Margareten trägt in seinem Namen seit einigen Monaten den Zusatz: »Christliches Heim für Mädchen und junge Frauen in seelischer Not.« Er trat an die Stelle der über ein Jahrhundert gebräuchlichen Bezeichnung »Heim für gefallene Mädchen«. Viel mehr als der Untertitel hat sich aber in den vergangenen Jahrzehnten offenbar nicht geändert. Die strenge Erziehung zu christlichen Werten, zum allein seligmachenden Glauben und zu eiserner Disziplin prägen wie eh und je das Leitbild von Sankt Margareten. Edelgard sind Angehörigenbesuche, wenn überhaupt, nur in grö-

ßeren Abständen gestattet. Der Kontakt zu Beziehungs-
partnern wie Matthias ist streng untersagt.

Mahnend hebt die Ordensschwester beim Gang
durch das Gebäude noch einmal auf die Regeln des
Heimes ab: fünf Uhr wecken, fünf Uhr dreißig Mor-
genandacht, sechs Uhr Frühstück, danach Hausarbeit
nach Plan. Dann fällt die Tür des Schlafsaals hinter ihr
krachend in das Schloss.

»Hättest wohl ein bisschen besser aufpassen sollen!«
Der Spott der elf Mitbewohnerinnen, mit denen sie ab
jetzt den Schlafsaal teilen wird, kennt keine Schonung.
»Wenn du wissen willst, wie es hier zugeht: fromm,
falsch und gemein. Dein einziger Mann heißt jetzt übrigens Jesus.« Schallendes Gelächter.

Vom Verbleib ihres irdischen Mannes erfährt Edelgard indessen nichts. Wie mag es Matthias gehen? Ist er
vielleicht schon dabei, mich zu vergessen? Dann werde
ich das hier nicht überleben. Er hat doch nicht etwa
schon mit mir abgeschlossen? Diesen Gedanken will
sie einfach nicht zulassen. »Es gibt nichts auf der Welt,
das uns trennen kann«, haben sie sich noch vor wenigen
Wochen geschworen. Wie naiv und kindisch war doch
ihr Glaube an die Allmacht ihrer Gefühle. Sie wäre nicht
die Erste, die sich in Sankt Margareten das Leben nimmt.

Die neue Aushilfskraft, die seit Kurzem in der Küche
mitarbeitet, kommt täglich von außerhalb. Sie ist Edelgard bisher kaum aufgefallen. Jetzt, als die Aushilfe
gegen Ende des Abendessens zweifellos den Blick-

kontakt zu ihr sucht, ist sie doch etwas irritiert. Die Fremde winkt ihr, kaum merklich, zu. Was will sie von mir? »Nimm das und lasse es sofort in deiner Schürzentasche verschwinden.« Bebend vor Aufregung öffnet sie Minuten später in der Sicherheit der Toilette den zusammengefalteten Zettel: »Ich hole dich da raus. In Liebe, Matthias.« Als sie zu ihrem Tisch im Speisesaal zurückkehrt, bleibt ihr noch immer verweintes Gesicht nicht unbemerkt. »Die Nerven, dein erster Heimkoller, das kennen wir schon, geht wieder weg. Schwester Lioba wird dir ein paar zusätzliche Aufgaben geben.«

Den Zettel hat offenbar niemand bemerkt. Aber was ist der schon wert? Er ist im Grunde nicht mehr als ein vollmundiges und vielleicht ganz irreales Versprechen, ein Zeichen, um die Freundin wenigstens etwas zu beruhigen. Vergebens wartet Edelgard an den folgenden Tagen auf weitere auffordernde Blicke der Hilfskraft. Dann ist sie plötzlich verschwunden. Mehr als zwei Wochen verstreichen, Edelgard glaubt schon längst nicht mehr an ihre Befreiung. Da ist sie plötzlich wieder da, und mit ihr der verstohlen auffordernde Blick und ein gerade noch rasch zu verbergender Briefumschlag.

Es verlangt von Matthias gegenüber seinem Klassenkameraden in der Privatschule einen größeren Aufwand an vertrauensbildenden Maßnahmen, bevor er den Mut fasst, den Mitschüler aus gutem Hause anzusprechen. Ralf stammt aus einer etablierten Handwerksfamilie,

Sanitär und Heizung. Der Bauboom des beginnenden Wirtschafswunders hat die Firma erfreulich gut gedeihen lassen. Zwar besitzt Ralf mit seinen achtzehn Jahren noch kein eigenes Auto, doch dann und wann darf er leihweise ein Fahrzeug aus der Firmenflotte benutzen, nicht selten, um auch an der Schule vorzufahren. »Sanitär Müller – wenn es um Wasser und Wärme geht« steht auf dem Kombi. Darauf kann man, zehn Jahre nach dem Krieg, schon ein bisschen stolz sein.

Den Unternehmersohn samt Kombi mit ins Boot zu holen, entpuppt sich allerdings alles andere als eine leichte Übung. Am Ende ist die Überzeugungskraft von Matthias aber doch stärker als alle ängstlichen Bedenken. Am Mittwoch vor Fronleichnam, als schließlich der Firmenwagen verabredungsgemäß beim Erziehungsheim vorfährt, herrscht infolge der Vielzahl anzufertigender Blumenteppiche im Heim hektische Betriebsamkeit. Die Schwester an der Pforte hat viel zu viel um die Ohren, um auch noch auf »Sanitär Müller« zu achten, auch nicht auf die zwei Monteure im blauen Overall: »Wir kommen wegen des verstopften Abflussrohres, wir wissen Bescheid, wo wir hinmüssen.«

Etwas irritiert ist die Ordensfrau dann aber schon, als nach einer halben Stunde nicht zwei, sondern drei Monteure im blauen Overall zügig zum Ausgang streben. Nur der Sicherheit halber will sie doch noch einmal kurz bei der Heimleitung anrufen. Aber als sich dort endlich jemand meldet, ist der Kombi mit den

Monteuren bereits abgefahren. Im Rückspiegel sieht der Mann am Steuer ein Paar, dessen Küsse und Umarmungen nicht enden wollen.

»Die Mühen der Berge haben wir hinter uns, vor uns liegen die Mühen der Ebene.« Es klingt fast etwas altklug, als der vom Befreiungserfolg euphorisierte Matthias bedeutungsheischend auch noch Bertolt Brecht zitiert. »Die Mühen der Ebene, wie meinst du das?« Es ist nicht mehr und nicht weniger als ein nüchterner, realistischer Blick auf ihre Situation. »Wenn wir in der Gegend bleiben, werden wir in kürzester Zeit wieder eingefangen. Wir müssen weg. In ein anderes Land, das uns Schutz und Sicherheit bietet. Es gibt nur eine Chance: Wir müssen in die DDR.«

»In die DDR? Warum ausgerechnet dorthin?«

Sie sechzehn, er achtzehn, werden sie in der DDR überhaupt aufgenommen? Und was für ein Leben erwartet sie dort? Edelgard will noch nicht so recht daran glauben. Als das mehrstündige Verhör am Übergang Eisenach endlich durchgestanden ist, macht sich überraschenderweise zunehmender Optimismus breit. Am Ende hat der DDR-Grenzoffizier sogar ein vorsichtiges Lächeln für die beiden. »Unser sozialistischer Staat heißt Sie willkommen und wird Sie erst einmal im Zentralen Aufnahmeheim Röntgental in Brandenburg unterbringen. Die Beamten der Staatssicherheit und der Volkspolizei werden Sie betreuen und dann empfehlen, wie wir weiter verfahren. Keine Angst, wir werden Sie schon

nicht wieder rauswerfen aus dem Arbeiter- und Bauern-
paradies.« Matthias ist beeindruckt: »Schau mal, Edelgard, die haben hier sogar Humor.«

Als weit weniger lustig erweist sich das, was folgt.
Die beiden werden in getrennten Häusern untergebracht. Sie dürfen das Heimgelände bis auf Weiteres
nicht verlassen. Über Wochen erfahren sie nicht, wie es
für sie weitergehen soll. »Da habe ich ja in Sankt Margareten mehr Freiheit gehabt.« Edelgards Kommentar
ist für Matthias ein Alarmsignal. Die Gefahr, dass die
Stimmung nachhaltig kippt, ist zum Greifen nah. Was
hat er seiner großen Liebe da nur angetan?

Doch sie haben Glück: »Ein schönes Paar, lebendig, frisch und offenbar von weit überdurchschnitt-
licher Intelligenz.« Der Direktor des Elitegymnasiums
im Thüringer Wald, der zu ihrer Begutachtung einbestellt wurde, ist von dem Paar geradezu verzückt und
bietet, ohne zu zaudern, Plätze in seinem Internat an.
Dass Matthias auch noch von der kommunistischen
Vergangenheit seines Vaters profitieren sollte, damit
hat er eigentlich nicht gerechnet.

Beide profilieren sich am Elitegymnasium als abso-
lute Vorzeigeschüler. Auch ihr Eintritt in die FDJ ist
hilfreich. Die Fächer, in denen sie am stärksten bril-
lieren, Mathematik und Physik, stehen in der DDR
hoch im Kurs. Das Abitur schaffen sie mit Auszeich-
nung. Ein Stipendium sichert dem Paar einen Stu-
dienplatz an der ehrwürdigen Humboldt-Universität in Ost-Berlin.

»Gemeinsam sind wir stärker als alles andere auf der Welt.« Edelgard und Matthias spüren, dass die Kraft ihrer einmaligen Beziehung nicht nur ihr privates Lebensgefühl verzaubert, auch im Studium sind sie ein Tandem, das zu Höchstleistungen fähig ist. Sie wissen, dass ihr gemeinsamer Ehrgeiz sie zu sehr vielem befähigt. »Ja, das meine ich.« Edelgard zitiert gern den Satz aus dem Sandkasten, der mittlerweile schon 21 Jahre alt ist. »Alle, die uns auseinanderbringen wollten, sind gescheitert.«

Bald zählen sie unumstritten zu den Stars der Informatik-Fakultät, machen unter anderem mit einem angeblich unschlagbaren Schach-Computer von sich reden. Ihre Ergebnisse bleiben der internationalen Forschung nicht verborgen. Irgendwann ist es auch für die DDR-Oberen nicht mehr zu übersehen, dass die beiden, weit über die DDR hinaus, zur Elite der Spezialisten für eine revolutionäre Entwicklung der Physik stehen, die bald unter dem Namen »Künstliche Intelligenz« weltweit für Aufsehen sorgt.

Auch wenn ihre Forschungsarbeiten in der Zeit nach dem Mauerbau nicht gerade in großer Gunst stehen, bleiben die beiden politisch hartnäckig dabei. Es sieht danach aus, als würden sie auch die bleierne Zeit des Kalten Krieges, die niemals zu enden scheint, das Eingesperrtsein, die Isolation von der internationalen Wissenschaftswelt, ungebrochen durchstehen. Mit dem erst etliche Jahre später beginnenden politischen Tauwetter in den Ost-West-Beziehungen dürfen dann tatsächlich auch Wissenschaftlergruppen aus dem Westen gelegentlich vor Ort das Leistungsniveau des Ostens bestaunen. Bereits zum dritten Mal lädt die Humboldt-Universität in den sechziger Jahren zu einem internationalen Kongress ein, zu dem erstmals Wissenschaftler und Wissenschaftlerinnen aus der Bundesrepublik kommen.

Freundschaftlich, aber unübersehbar neidvoll, blicken die Kollegen aus dem Westen auf die wegweisenden Ergebnisse der Ost-Wissenschaftler. Der Glaube an eine große Zukunft der künstlichen Intelligenz scheint in Ost-Berlin, trotz der nur mäßigen Unterstützung durch die politische Führung, unerschütterlich zu sein. »Das ist ein großer Erfolg für uns!« Matthias und Edelgard genießen am Ende ihr Glück ungeniert in vollen Zügen, ist es doch nicht nur wissenschaftlich, sondern auch menschlich eine einmalige Begegnung.

Die Gegeneinladung nach München lässt nicht lange auf sich warten. Aber ohne Zustimmung der Stasi geht in der DDR nichts. Erst einmal wird die beantragte Westreise kategorisch abgelehnt. Nach anfänglich schweren Bedenken kommt dann überraschend Bewegung ins Spiel. Am Ende setzt die Stasi aber doch lieber auf Sicherheit: Nur eine einzige Person aus dem Forscherteam darf in den Westen reisen. Dass Matthias, nach dieser Teilniederlage, seiner Frau großzügig den Vortritt lässt, nimmt sie mit überraschender Selbstverständlichkeit entgegen. Matthias ist, ohne es auszusprechen, ein wenig irritiert darüber.

Beflügelt vom Geist der erfolgreichen Konferenz, stürzen sich die beiden jetzt auf die Entwicklung neuer komplexer Algorithmen. »Bald werden die KI-Computer unsere Lehrmeister sein.« Am Institut verkündet Matthias seinem skeptischen Team, dass die Welt sich durch die Weiterentwicklung der künstlichen Intelligenz schon bald radikal verändern wird. »Nicht wir steuern die Maschinen, die Computer beherrschen uns. Wir erreichen den Punkt, an dem sie das Heft in der Hand halten. Wenn wir Glück haben, wird der Mensch in Zukunft gerade noch geduldet.«

Solche Sätze klingen Edelgard noch im Ohr, als sie am 15. Oktober erstmals ein Flugzeug besteigt, das sie in den Westen bringen wird. Die Unterlagen, die sie bei sich hat, entziehen sich in ihrer Brisanz dem überschaubaren Bildungshorizont der DDR-Grenzbeamten. Unbehelligt bringt sie so die neuesten Erkenntnisse der KI Forschung über die Grenze in die Bundesrepublik Deutschland. Die Aufzeichnungen hat sie zum Teil, ohne lange zu überlegen und ohne das Wissen von Matthias, eingepackt.

Als sie gleich am Nachmittag mit dem Münchner Teamleiter Rüdiger Rauschenbach zusammentrifft, geht es zunächst um die spektakulären Forschungsergebnisse aus dem Labor in Ost-Berlin – und bald auch um mehr. »Er ist so ganz anders als Matthias, wohltuend anders«, denkt Edelgard für sich. Aber da ist es auch schon um sie geschehen. »Ich wollte dich heute einfach fragen, ob wir vielleicht den Abend miteinander verbringen sollen? Seit unserem ersten Zusammentreffen lassen mich die Gedanken an dich nicht mehr los. Inzwischen weiß ich, es geht mir nicht nur um einen Abend, nicht nur um eine Nacht, es geht um viel mehr, um viele Nächte, vielleicht sogar um das ganze weitere Leben.« Das ist kühn, vielleicht aber auch nur frech und unverschämt. Rüdiger Rauschenbach versucht erst gar nicht, sich zu mäßigen.

»Für einen Wissenschaftler hast du ziemlich zügig die Ebene der Sachlichkeit verlassen. Du weißt, ich bin verheiratet – seit mehr als drei Jahrzehnten mit einem Mann, der meine große Liebe war und ist und ohne den ich vermutlich nicht überlebt hätte.« Als Edelgard sich bemüht, diese Sätze überzeugend vorzutragen, spürt sie, dass ihr wortreicher Abwehrversuch nicht ihrem Gefühlszustand entspricht, nicht mehr darstellt als eine hohle Geste. Kein einziges Mal hat sie heute, an diesem ersten Tag im Westen, ernsthaft an Matthias gedacht. Kann es etwa sein, dass sich gerade der Anfang vom Ende ihrer doch so unvergleichlichen Beziehung abzeichnet? Sie hat sich der Liebe wegen aus freien Stücken in ein Gefängnis begeben, in die DDR. Erst jetzt nimmt sie wahr, was das bedeutet. Ist es am Ende nur der Mangel an Freiheit, der ihre so einmalige Liebe am Leben hält? Woher aber will sie wissen, ob Rüdiger nicht mehr ist, als ein ehrgeiziger, berechnender Karrierist? Es wäre so hinterhältig wie niederträchtig, wenn das seine wahren Absichten wären, Zugriff zu bekommen zu den neuesten Ost-Berliner Forschungsergebnissen.

Zahllose Versuche, mit Matthias zu telefonieren, verlieren sich in den nächsten Tagen im Nichts. Man spürt es förmlich, dass bei den Bemühungen der Telefonvermittlung die Stasi stets mit von der Partie ist. Der Kontakt und die Nähe zu Rüdiger entwickeln sich derweil umso intensiver. Als sie nach zehn Tagen zum ersten Mal überraschend Matthias Stimme am Institutstelefon vernimmt, hält Edelgard für den Anrufer formelhaft einen festen Entschluss bereit: »Matthias, ich werde nicht mehr in die DDR zurückkehren.«

»Und das nach all den Jahren, nach all dem Ringen um unsere einmalige, große Liebe!« Wie gerne würde er ihr jetzt gegenüberstehen und von ihr hören, dass das alles nicht wahr ist. Dass sie den unverbrüchlichen Fortbestand ihrer Liebe beschwört, aber da bricht die Telefonverbindung schon wieder ab. Um die Chance einer klärenden oder vielleicht sogar Hoffnung bringenden Kommunikation beraubt, versinkt Matthias von Tag zu Tag in einer tieferen Depression. Dieser Zustand, der zuerst nach einer vorübergehenden Irritation aussieht, wächst sich zum Dauerzustand aus. Und Edelgard hat offenbar alle Kontaktversuche eingestellt.

»Das ist jetzt schon das dritte Mal, dass Sie sich das Leben nehmen wollen.« Der Rettungssanitäter ist empört, dass dieser Professor die Dinge offenbar einfach laufen lässt und keine professionelle Hilfe sucht. Mit großer Sorge verfolgen die Kollegen am Institut den Niedergang eines Genies. Was seine republikflüchtige Partnerin ihm angetan hat, spottet ohnehin jeder Beschreibung. Der Rektor selbst muss sich einschalten, bis sich etwas bei Matthias rührt. Durch seine Hilfe, gestützt durch seine Sympathie und die Wertschätzung der Institutskollegen, stimmt er einer stationären Therapie zu. Er muss sich nun selbst eine Strategie zurechtlegen, die ihm vielleicht das Überleben möglich machen wird.

Kuba ist für einen KI-Wissenschaftler nicht gerade die Insel der Träume, aber vielleicht eine Umgebung, die Matthias helfen wird, auch räumlich Distanz zur Enttäuschung seines Lebens aufzubauen. Noch tiefer wird er sich jetzt als Hochschulprofessor in Havanna in die Forschungsarbeit vergraben – soweit das in Kuba, einem engen Wissenschaftspartner der DDR, überhaupt möglich sein wird. Der große Abstand zu Deutschland tut ihm jedenfalls gut.

Als er zwanzig Jahre später, ein Jahr nach dem Mauerfall, zu einem Kongress in Deutschland eingeladen wird, fühlt er sich stark genug, um wieder sein Heimatland zu betreten. Doch kaum in Deutschland angekommen, läuft ihm, als wäre es ein schlechter Witz, die Frau über den Weg, die er glaubte, endlich hinter sich gelassen zu haben. Sie, die er drei Jahrzehnte abgöttisch geliebt und derentwegen er Europa verlassen hat, in der Hoffnung, sie zu vergessen, sie niemals wiederzusehen: Edelgard, die große Enttäuschung seines Lebens.

Sie hat sich offenbar zum selben Kongress angemeldet. In den Veranstaltungen ist sie aber nie aufgetaucht. Was will sie hier? Vielleicht versucht sie doch noch, reinen Tisch zu machen, sozusagen auf den letzten Metern. Matthias spürt mit großer Sicherheit, dass er dazu in der Lage wäre, seine schwere Enttäuschung hintan zu stellen.

Die Fallhöhe der Rheinbrücke bei Mainz wurde im polizeilichen Protokoll mit zweiundzwanzig Metern angegeben. Die Frau, die sich am Morgen das Leben nahm, hat nur eine kurze Nachricht hinterlassen: »Ich habe meine große Liebe verraten. Jetzt wollte ich ihm, viel zu spät, noch einmal in die Augen sehen, ihn um Vergebung bitten. Ich habe es nicht geschafft.«

2 STILLER BEOBACHTER

Fünfkommadreifünf Kilometer. Viele, ich würde sagen fast alle, die in meiner Stadt leben, haben diese Strecke mindestens einmal in ihrem Leben zurückgelegt. Einen Geheimtipp kann man die Route auf jeden Fall nicht nennen.

In den frühen Morgenstunden erfüllt dieses Stück Landschaft noch die Kriterien eines Idylls. Da können sich die Wasserschildkröten in aller Ruhe auf einem schwimmenden, abgestorbenen Baum faul in der Sonne aalen. Und der Fischreiher, dessen sparsame Performance notorisch miesepetrig anmutet, lässt Menschen sogar bis auf zwei Meter an sich herankommen. Dann hebt er sicherheitshalber ab.

Noch bilden Spaziergänger zu dieser frühen Tageszeit, samt Joggern und ein paar stillen Anglern, eher eine radikale Minderheit auf dem Weg um die drei Seen. Sie stören kaum. Das ändert sich gewöhnlich mit dem Fortschreiten der Tageszeit rasend schnell. Insbesondere an sonnigen Wochenenden wandelt sich der vor Kurzem noch lauschige Spazierweg jäh zu einem bedenklich überlasteten Trampelpfad.

Nachdem ich jahrelang joggend die stillen Stunden genutzt hatte, geriet ich eines Tages mitten hinein in diesen sonntäglichen Massenevent. Viele halten das Promenieren in der Menge, das sich Woche für Woche wiederholt, für den Ausdruck eines verbreiteten bürgerlichen Wochenendbedürfnisses und letztlich für eine Fortsetzung der Sonntagslangeweile unter freiem Himmel. Vermutlich hätte ich mich dieser Bewertung rundum angeschlossen, wenn mich meine unstillbare Neugier nicht zu anderen Ergebnissen geführt hätte. Seit ich mit offenen Augen und gespitzten Ohren die Seen umkreise, weiß ich: Hier geht es nicht nur um harmlose Banalitäten. Vielmehr tun sich – und das nicht zu selten – jähe Abgründe auf, die die Fantasien des Beobachters weit in den Schatten stellen. Das wäre für mich nicht weiter schlimm gewesen, hätten ein paar Sätze nicht zu einer Begegnung geführt, die mir beinahe sowohl mein Ansehen als auch meine Selbstachtung gekostet hätte. Dabei begann alles ganz unspektakulär.

Beim Kreisen um die Seen zur Rushhour kommen mir ohne Unterlass die unterschiedlichsten Gruppen von Spaziergängern entgegen: zum Beispiel zwei ältliche Schwestern, die in ein offenbar schwieriges Gespräch verwickelt sind, eine junge Familie mit brüllendem Kleinkind, dahinter die erkennbar stolzen Großeltern. Als Nächstes folgen drei ehemalige Studienfreunde, die alte Zeiten heraufbeschwören, und zwei händchenhaltende Vikare, ganz in Schwarz.

Natürlich kann ich über die Provenienz der Personen, die mir entgegenkommen, nichts wissen, aber

Schlüsse ziehen kann ich allemal. Ihr Habitus erzählt eine Geschichte, aber auch die Sätze und Satzfetzen, die ich aufschnappe, reichen aus, um meine Fantasie anzukurbeln:

»Der Arthur hat ja seine Emmy jahrelang betrogen. Raus kam das Ganze erst, als er gestorben war.«

»Wenn ich jetzt kein höheres Gehalt bekomme, werde ich kündigen.«

»Falsch und neidisch, die Hannelore ist nicht besser als ihre Schwestern.«

»Die Leiche war noch nicht kalt, da hatten sich die Erben schon in den Haaren.«

»Die Irina ist ja jetzt so glücklich verheiratet. Na ja, hoffen wir, dass es wirklich so ist.«

Besonders wort- und mitteilungsreich sind diejenigen unter den Spaziergängern, die ausgesprochen Positives zu verkünden haben:

»Ich habe, ohne zu hungern, in zwölf Wochen sechsunddreißig Kilo abgenommen.«

»Der Stefan hat jetzt eine Neue, die ist viel adretter als die Vorgängerin.«

»Nur ein einziges Mal hat Rainer Lotto gespielt und auf Anhieb den Jackpot geknackt.«

Meist dauert die Begegnung auf Hörweite nur wenige Satzfetzen lang. Bald schon sind die quasselnden Spaziergänger um die nächste Ecke oder nur noch von hinten zu sehen. Was jedoch bei mir zurückbleibt, ist der Impuls zu neugierigen Denkspielen: Wie steht es um die ganze und wahre Geschichte, die dahintersteckt?

Am Anfang war es nicht viel mehr als ein gelegentlicher Spaß, ein Zeitvertreib, um mein Hirn zu beschäftigen. Doch je öfter ich eine Geschichte aus Satzfetzen kreierte, je mehr spürte ich in mir eine aufkeimende Leidenschaft, die mich nicht mehr losließ. Bald spazierte ich Sonntag für Sonntag auf der Strecke, füllte Notizbuch um Notizbuch mit den aufgeschnappten Kommunikationsschnipseln und versuchte mir danach meinen Reim darauf zu machen. Bald entwickelte sich diese Gewohnheit zu mehr als einer harmlosen Freizeitbetätigung. Ich war längst süchtig danach.

Mittlerweile fiel ich sogar den Spaziergängern auf, die jeden Sonntag an den Seen ihre Runden drehten. Ich ahnte, was sie dachten: Der Typ mit dem Notizbuch ist wohl etwas gestört – aber vermutlich einfach ein harmloser Spinner. Lediglich besonders pedante Zeitgenossen herrschten mich ab und zu an: »Was haben Sie da soeben notiert? Ich habe es genau gesehen. Zeigen Sie mir doch mal Ihr Notizbuch! Sie verstoßen gegen den Datenschutz.« Zum Glück blieb es in allen Fällen bei dieser pauschalen Drohgebärde.

Ich neige zur Ordnung. So ist es kein Wunder, dass es mich dazu drängte, den allmählich beachtlichen Umfang meiner Notizen typologisch einzuordnen. Zu meiner Freude und Überraschung überwogen die Aussagen positiven Inhalts. Nur knapp dahinter folgten aber bereits Klatsch, Tratsch und üble Nachrede. Über Politik wurde nur selten geredet, desgleichen über den kommenden Weltuntergang; dagegen sehr oft über die Familie, eine Erkenntnis, die mir Mut machte und Zuversicht gab für das eigene Leben. So begleitete ich über die Jahre die Zeitläufte bis, ja bis zu dieser einen irritierenden Begegnung.

Sie kennen sicher die nicht gerade seltenen Wetterlagen im frühen Herbst: Nach einem strahlend wolkenlosen Sonnentag, der viele Spaziergänger auf den Weg lockt, überzieht am Spätnachmittag erst leichter, dann immer dichter werdender Nebel die Landschaft an den Seen. Die gut gefüllte Wanderstrecke leert sich geradezu schlagartig, da die fortschreitende Dämmerung am Abend auch noch einen frischen Wind mit sich bringt. Es wird zu kühl für das Gros der Spaziergänger, die dann in Scharen zügig heimwärts streben.

Nur für mich nicht. An einem solchen Abend flüsterte mir irgendetwas ein: Du musst dabeibleiben, weiterlaufen, an den Seen entlang. Ganz allein. Zugegeben, ich war jetzt nicht mehr ganz frei von einer gewissen Ängstlichkeit. Irgendwie erfasste mich die Ahnung, dass an diesem nebligen Abend noch etwas völlig Unerwartetes geschehen würde.

Kaum war ich am zweiten See vorbei, lösten sich kurz vor der Steigung zum dritten See zwei Konturen aus dem Nebel. Bald erkannte ich auch den stattlichen Hund, der frei laufend folgte. Die Entgegenkommenden hatten mich noch nicht wahrgenommen, als ich dank meiner geschulten Audiopräsenz die ersten Sätze bereits identifizieren konnte. Es waren Männer. Sie sprachen leise, mit zweifellos konspirativem Unterton.

»Wir müssen die Angelegenheit unbedingt noch heute Abend zu Ende bringen. Wenn wir das nicht schaffen, kann es passieren, dass unsere Unternehmung noch vor dem Parkplatz kläglich platzt.«

Kläglich platzt, noch vor dem Parkplatz? Erst jetzt nahmen mich die beiden wahr. Grußlos huschten sie an mir vorbei. Und jetzt?

Mein Verdacht nahm Sekunde für Sekunde deutlichere Züge an: Was ist das für eine Unternehmung? Nach kurzem Überlegen war ich mir sicher: Hier geht es ohne Zweifel um nicht weniger als ein Verbrechen. Die beiden steuerten den Wanderparkplatz an der Landstraße an und davor mussten sie, es konnte nicht anders sein, noch etwas Geheimnisbehaftetes im Wald erledigen. Fest entschlossen, dem Verbrechen auf die Spur zu kommen, änderte ich meine Laufrichtung spontan um 180 Grad. Es lohnte sich. Aufgrund des nivellierenden, aus der Ferne kommenden Verkehrslärms blieben meine Verfolgungsschritte kaum hörbar, zudem sorgte der Nebel für Unsichtbarkeit. Auffallend auch, dass sich die beiden jetzt in Sachen Lautstärke nicht mehr zurückhielten, das machte die Sache für mich leichter.

»Ich hätte nie damit gerechnet, dass der Alte ohne lange Umschweife die Million locker macht. Wahrscheinlich hätten wir noch mehr rausholen können.«

»Er hat einfach zu viel Dreck am Stecken. Seine Kunststücke mit der Geldwäsche. Seine Geliebte, die er auf Betriebskosten aushält. Der hofft jetzt, dass er bis auf Weiteres seine Ruhe hat.«

»Dass er die Penunze bar auf die Hand rausgerückt hat, ist wunderbar. Doch wo stecken wir jetzt die Kohle hin?«

»Wir sollten sie, zumindest vorläufig, hier im Wald verstecken.«

Jetzt wird es heikel, dachte ich. Ich kann das nicht mehr einfach so weiterlaufen lassen. Vorsichtig ließ ich mich etwas zurückfallen, zog mein Mobiltelefon aus der Tasche und wählte zitternd 110. Es war nicht schwer, den Beamten am anderen Ende der Leitung davon zu überzeugen, dass es sich um eine Angelegenheit handelt, die dringend nach der Staatsgewalt ruft. »Wir schicken sofort ein Einsatzkommando zum Parkplatz an der Landstraße. Halten Sie sich dort bereit. Wie war Ihr Name?«

Was ich nicht bedachte: Durch das Telefonat hatte ich den Anschluss an die offenbar zügig ihrem Ziel zustrebenden Verbrecher inzwischen verloren. Erst nach einiger Zeit hörte ich in der Ferne den Hund bellen. Mich zu ängstigen, dafür blieb jetzt keine Zeit mehr. Ich legte los. Atemlos kam ich schließlich viele Minuten später wieder auf eine akustisch befriedigende Spur. »Das Geld hier zu verstecken, ist mir zu riskant«, meinte der eine. »Es ist der einzig richtige Weg«, der andere.

»Da bin ich nicht dabei. Gib mir sofort das Geld. Oder zumindest meinen Anteil.«

»Du kannst dich jetzt nicht so einfach aus dem Staub machen.«

Der Disput wurde immer heftiger und gnadenloser. Verräter! Jetzt begannen die beiden hemmungslos aufeinander einzuschlagen. Derweil war aber der Parkplatz fast erreicht. »Ich bring dich um!«

Es hatte etwas von großem Kino: Plötzlich überflutete grelles Scheinwerferlicht den Parkplatz. Eine Stimme aus dem Lautsprecher ertönte: »Hier spricht die Polizei, leisten Sie keinen Widerstand. Werfen Sie Ihre Waffen weg. Nehmen Sie Ihre Hände auf den Rücken.«

Handschellen klickten. Ein Kommando von sechs Beamten bereinigte die bedrohliche Situation im Nu. Aber, während der Akt der Staatsgewalt noch in vollem Gang war, warfen sich die Polizisten plötzlich befremdliche Blicke zu, bald gemischt mit einem Lächeln, dann beherrscht von einem nimmer enden wollenden, zwerchfellerschütternden Lachen.

»Meine Herren, dass wir im Einsatz mal so etwas erleben, Herr Hinterhofer, Herr Seibold, das hätte ich nie erwartet. Wir haben uns ja sozusagen in die nächste Folge meiner Lieblingsfernsehserie katapultiert. Darf ich ein Autogramm von Ihnen haben?« Im Nu waren die Handschellen weg und die Polizisten schwärmten, da könne man mal wieder sehen, was für einen schönen und spannenden Beruf sie haben.

Dass ich ab diesem Punkt im Boden versinken wollte, einfach nur unsichtbar werden, es wäre eine Verharmlosung meiner Verfassung gewesen. Nicht nur in Kreisen von Polizei und Justiz kursierte der Fall ab sofort als Kantinenwitz des Jahrhunderts. Die Pressestelle der

Polizei brachte das Ganze als prestigefördernde Human Touch Geschichte in die Schlagzeilen, und der ausstrahlende Fernsehsender packte meine Blamage sogar genüsslich in seinen Werbetrailer für die Serie.

Die beiden Schauspieler, die die gute Absicht und mein nachfolgendes schweres Leiden erkannten, rafften sich immerhin zu einer freundlichen schriftlichen Entschuldigung auf. Sie wollten mit ihrer Nachtwanderung lediglich ihre Rollen unter realistischen Bedingungen einüben. Das war ihnen offenbar gelungen.

Seit diesen Tagen bin ich kaum noch an der Strecke um die drei Seen aufgetaucht. Und wenn mich die Gewohnheit trotz allem gelegentlich dort hinzieht: Sobald Menschen auftauchen, schließe ich, wenn sie in Sichtweite kommen, sofort meine Augen und vor allem: Ich klappe die Ohren zu.

3 ARM UND REICH

»Wie wird man eigentlich arm? Kommen die meisten Armen schon arm auf die Welt? Bleiben sie dann auch arm? Und warum?«

Der 11-jährige Junge, der seine Mutter mit diesen Fragen löchert, macht nicht den Eindruck, dass er irgendwann Gefahr laufen könnte, selbst in eine finanziell prekäre Situation zu geraten. Die Mutter, die er mit seiner Fragerei herausfordert, gibt zunehmend mehr gequälte Antworten auf das, was ihren Sohn offenbar so sehr bewegt. Nicht dass sie Bodos Neugier ausweichen will, aber so ganz stößt sie bei ihren Auskünften doch nicht zu befriedigenden Erkenntnissen durch.

Bodo ist das jüngste von sieben Kindern der Eheleute Kuno und Heidelinde von Mutberg. Kunos Eltern legten damals bei der Partnerwahl großen Wert auf eine blaublütige Hochzeit. Die Braut, eine Freifrau, ist zwar nur von niederem Adel, was sie aber durch ihre Erscheinung und das anstehende Familienerbe mehr als wettmachte. So war es ein naheliegender Wunsch, dass die beiden alsbald auf Schloss Hohenfrohn einzogen. Vom Burgfried des Anwesens hat man einen geradezu beherrschenden Ausblick auf die stattlichen Ländereien der Adelsfamilie.

Rund zweiundvierzig Quadratkilometer Forst gehören noch immer zum Grundbesitz. Früher waren die Waldungen die Haupteinnahmequelle des Hauses. Inzwischen setzt die Familie auf den Ertrag der Kliniken und Seniorenheime, die sie erfolgreich auf eigenem Grund und Boden errichtete, auf Grundstücken, die ihren Ahnen schon vor dem Westfälischen Frieden 1648 gehörten. Sie konnten diesen Status über den Reichsdeputationshauptschluss 1803 hinaus und alles, was dann noch kommen sollte, hinüberretten. »Zum Glück«, so doziert der Hausherr gerne, »lagen unsere Besitzungen nicht im Osten.«

»Nicht nur deswegen sind wir gut gestellt.« Beim familiären Abendessen vertieft der Graf das Frage-und-Antwort-Spiel, das Bodo mit seiner Mutter geführt hat. »Wir haben unser Vermögen auch arbeiten lassen.« Kurzes Schweigen. »Das heißt euer Vermögen hat gearbeitet, nicht ihr.« Bodos Hinterfragung wird allmählich unappetitlich. »Wenn jetzt ein armer Mensch käme«, insistiert er, »und sagen würde: Jetzt verdiene ich zwei Jahre meinen Lohn als Arbeiter, dann lass ich nur noch mein Geld arbeiten, wird er dann reich?«

»Ja, ganz so einfach ist das nicht, aber im Grunde hat jeder seine Chance.«

Drei Jahre später, Bodo ist inzwischen in der Pubertät, steht die Hochzeit seiner ältesten Schwester an. Der Bräutigam ist zwar kein Adliger, aber Juniorchef der Unternehmensgruppe Blechschmidt. Die mittelständische Firma zählt zu den renommiertesten Herstellern von Auspuffanlagen für Sportwagen, ein Weltmarktführer.

Junior Marcel, das ist beschlossene Sache, wird in wenigen Jahren die Firma übernehmen. Im Städtchen wird zwar gemunkelt, dass der designierte Nachfolger es nicht so richtig drauf habe mit dem Management. Sein Handicap im Golf dagegen könne sich sehen lassen.

Eine Hochzeit, so strahlend, wie sie die Heimat des Grafen noch nie gesehen hat, soll es werden. Beide Elternpaare haben es zu etwas gebracht. Bei diesem freudigen Anlass wollen sie ihren Wohlstand gewiss nicht krampfhaft verbergen.

Bodo verfolgt das Ganze allerdings mit wachsendem Argwohn. Zufällig erfährt er abends bei Tisch, dass man für die Feierlichkeiten von einem Budget von etwa einer halben Million Euro ausgeht, eine Zahl, die ihm nicht mehr aus dem Kopf gehen will. Er rechnet still für sich nach, wie viele Menschen, die an der Armutsgrenze leben, wohl ein Jahr lang damit ihr Auskommen hätten. 50 bis 60 mindestens. Aber, was ist das schon bei fast 15 Millionen Personen, die in unserem Land unter der Armutsgrenze leben? Auf die Gefahr hin, dass es inzwischen fast eine Plattitüde ist und sich der Vater trotzdem ärgert, merkt er an: »Die Kluft zwischen Arm und Reich war noch nie so groß wie heute, und sie wird immer noch größer.«

Für den Schlossherrn ist das jedenfalls nichts Neues, aber aus dem Munde seines jüngsten Sohnes bekommen diese Sätze eine Wirkung, die ihm unaufhaltbar die Zornesröte ins Gesicht treibt. »Darüber wird noch zu sprechen sein.« Bodo spürt, dass das kein harmonisches Gespräch werden wird. Mit den Worten »Mir ist übel, darf ich mich entschuldigen?« verlässt er die Tafelrunde, die sich nun endlich wieder ungestört den Themen des hoffentlich unvergesslichen Hochzeitsfestes zuwenden kann.

Für wichtige Aussprachen mit dem Chef des Hauses gelten in der Familie von Mutberg strenge Regeln: Der Betroffene wird zum Termin mit dem Vater richtiggehend einbestellt. Da sitzt er jetzt mit Anzug und Krawatte dem Grafen gegenüber an dessen gräflichem Schreibtisch, ein historisches Stück Möbel, das allein schon auf 35.000 Euro geschätzt wird.

»Setz dich! Ich frage dich: Wir sind nicht arm und wir machen niemanden arm. Warum bringst du eigentlich immer wieder dieses Thema ins Gespräch, das stört doch nur.«

»Entschuldige vielmals, Vater, mich stören Zahlen wie diese, die unser Lehrer letzte Woche im Unterricht genannt hat: Das reichste Zehntel der Bevölkerung in Deutschland besitzt nach seiner Kenntnis über 56 Prozent des Vermögens, die ärmeren 50 Prozent dagegen nur 1,3 Prozent. Geht dich das nicht auch an?«

»Doch, schon, oder auch nein, wir jedenfalls können daran nichts ändern. Was ist das eigentlich für ein Lehrer, der seine Schüler mit solchen Zahlen verwirrt?«

An dieser Stelle bricht das Gespräch jäh ab. Erregtes Geschrei. Von der Schlosstreppe her nähern sich im Eiltempo aufgeregte Schritte begleitet von einem lauten Wortwechsel und einem eindringlichen Schluchzen. Ohne dass zuvor angeklopft worden wäre, springt die Tür zum Büro des Grafen auf. Drei Frauen stehen plötzlich im Raum: Gräfin Heidelinde, gefolgt von der bereits tätigen Hochzeitsplanerin und einer tränenüberströmten, völlig aufgelösten zukünftigen Braut: Desirée, Bodos älteste Schwester.

Desirée schafft es gerade noch, zwei Sätze über die Lippen zu pressen: »Ich heirate nicht! Und den schon gar nicht!«

Wie in einem drittklassigen Kostümfilm, denkt sich Bodo noch, doch dann erkennt er den Ernst der Lage. Das Ereignis des Jahrzehnts, Desirées Eheschließung mit Marcel Blechschmidt, ist ernsthaft in Gefahr.

»Du willst ihn also nicht heiraten. Und warum nicht?«, fragt der Graf mit starrer Miene. Und dann berichtet die Braut von der fixen Idee, die ihr – zumindest bis vor Kurzem noch – künftiger Mann für einen so genialen Einfall hält, dass er ihn auf jeden Fall durchsetzen will.

Desirée wünschte sich für den Tag der Tage eine vierspännige Pferdekutsche, die hochromantisch vor der Kirche vorfahren soll. Nach dem Ja-Wort würde sich dann das vermählte Paar, unter dem Jubel der einheimischen Bevölkerung und einer sicherlich stattlichen Anzahl von zugereisten Zaungästen, in dem von schneeweißen Pferden gezogenen Gefährt den Schlossweg hinaufschlängeln. Das wären Bilder, so bewegend, dass man sie nie mehr vergisst. Ein Traum!

»Ja, und?«, fragte der Graf.

»Marcel will nicht vier Pferde, er will 670! Er will statt einer vierspännigen Pferdekutsche einen Ferrari mit 670 PS, der uns dann spektakulär zum Schloss befördern soll. Natürlich stammt die Auspuffanlage des Fahrzeugs aus dem Hause Blechschmidt. Er will aus unserem heiligsten Tag einen PR-Gag machen.«

Das geht selbst dem standesbewussten Adelspaar zu weit. Fast allen, die sich im Büro des Grafen aufhalten, hat es nach dieser Darstellung die Sprache verschlagen. Nur Bodo findet sie recht schnell wieder. »Darf ich fragen, liebst du ihn denn noch?«

»Ja, schon«, kommt es mit leiser zitternder Stimme zurück.

»Wenn das so ist, dann müssen wir jetzt etwas unternehmen.« Ausgerechnet der mit Abstand Jüngste im Raum beginnt beherzt und ohne spürbare Selbstzweifel die Gesprächsführung zu übernehmen. Das ist bei ihm nichts Neues. Bodo war schon immer auffällig anders als seine sechs Geschwister: klug, belesen, zum Widerspruch neigend, ja, gelegentlich auch bockig, auf alle Fälle alles andere als ein Ja-Sager. Sein entschiedenes Nein verhinderte zum Beispiel, dass er wie seine Geschwister auf das von der Familie präferierte Privatinternat geschickt wurde. Er will für sich keinen Sonderstatus und ertrotzte sich den Besuch des örtlichen staatlichen Gymnasiums.

Vielleicht war es ein Zufall, aber an dieser Schule traf er auf den Lehrer, der sein Weltbild entscheidend prägen sollte, der Mann, der auch die vom Grafen so inkriminierten Aussagen über Arme und Reiche in Bodos Kopf setzte. In der Schule hat er den Ruf, ein übrig gebliebener Altachtundsechziger zu sein, worauf er stereotyp die Antwort bereithält: »Ich fühle mich nicht alt, und wenn ich auf dem Stand von 68 stehengeblieben wäre, fände ich das peinlich.« Einmal fragte Bodo Oberstudienrat Maier, ob er denn die Welt verändern wolle? »Im Prinzip schon, ich habe nur meine Zweifel, ob ich es schaffe«, gab dieser schlagfertig zurück.

Ganz überraschend eröffnet sich mit dem Hochzeitsdebakel für den jungen Adligen eine klitzekleine Möglichkeit, am Gesellschaftsgerüst zu wackeln. Bodo will dem Bräutigam Marcel und seiner Familie klarmachen, dass die Ferrari-Inszenierung unter Umständen schnell zum Bumerang werden könnte. Denn so eine protzige Angeber-Show dürfte in der Öffentlichkeit und in den Medien nicht nur auf Begeisterung stoßen, eher auf Kopfschütteln über so viel Instinktlosigkeit einer an sich soliden Firma und eines angesehenen Adelshauses.

Wer reich ist, trägt eine besondere Verantwortung. Eigentum verpflichtet, steht gar in der Verfassung. Bodo schlägt vor, dass sich Braut, Bräutigam und die Eltern an einen Tisch setzen. Bodo möchte, dass er und sein Lehrer mit dabei sind und bei diesem Gespräch einen Vorschlag unterbreiten, der nicht nur die Hochzeit rettet, sondern auch die Firma – und die beiden Familien dauerhaft in ein besseres Licht rückt.

Ganz entscheidend ist, dass Desirée in Sachen Ferrari nicht umfällt, auch wenn das Vorhaben Gefahr läuft, ohne Eheschließung zu enden. Nach einem langen, nicht einfachen Gespräch ist sich Bodo sicher: Er kann der Standfestigkeit seiner Schwester felsenfest vertrauen.

»Ein bisschen die Welt verändern, das probieren wir jetzt«, witzelt Lehrer Maier, als er sich mit Bodo trifft, um den neuen, ganz anderen Plan für die Hochzeit auszuhecken.

Beim folgenden Treffen der Beteiligten mit den Eltern wird die Sache konkret. Bodo trägt vor: Es ist ein Plan, der ohne Ferrari und auch ohne Pferde auskommt, sogar ohne Sternekoch. Dafür ist die Hochzeitsgesellschaft jetzt noch größer, denn nicht nur die ursprünglich handverlesenen Gäste werden dabei sein, eingeladen wird die gesamte Bürgerschaft des Städtchens. Angeführt vom frisch vermählten Paar wird sich eine bunte Gesellschaft zu Fuß zum Schloss hocharbeiten, wo reichlich zu essen und zu trinken auf sie wartet, nichts Exquisites, eher so etwas wie gesunde Hausmannskost. Natürlich gibt es auch Musik.

Bis zu diesem Punkt stellten die an der Besprechung Beteiligten höflich und eher leise die eine oder andere Zwischenfrage. Das ändert sich radikal, als die Ausführungen der beiden auf den geplanten Höhepunkt der Feier zusteuern. Eiseskälte und strikte Ablehnung beherrschen schlagartig den Raum. Dass Desirée und

Marcel ein Ehepaar werden, nie schien es ferner zu liegen als jetzt.

Was Bodo vorträgt, trifft die Anwesenden ins Mark: Von dem auf eine halbe Million Euro angesetzten Budget werden etwa 50.000 Euro für das Fest benötigt. Die übrigen 250.000 aber sollen Grundstock für eine gemeinnützige Organisation werden, die jungen Menschen aus armen Verhältnissen zu einer qualifizierten Berufsausbildung verhilft. Das wäre mehr als ein Signal!

Beide Elternpaare hält es jetzt nicht mehr auf ihren Sitzen. Mit leichter Verzögerung folgt Marcel. Bevor er krachend die Tür zuschlägt, zischt er Desirée noch ein wütendes Nein entgegen. Das war es wohl. Vorzeitiges Ende einer Traumhochzeit.

Bodo, der als Erster wieder Worte findet, probiert es mit Schullatein. »Omnia vincit amor, Liebe besiegt alles. Schwester, dass du ihn liebst, wissen wir ja schon aus erster Hand. Und, wenn er dich auch wirklich liebt, wird er seine Familie dazu bringen einzulenken.«

Zwei Wochen später schwenken Braut und Bräutigam und selbst die Elternpaare tatsächlich auf den Kurs ein: Marcel und seine Familie verzichten nicht ohne Schmerzen auf die Ferrari-Show, dafür sind sie bereit, konstruktiv über die Höhe der Spende für die Armen nachzudenken. Das sei dann doch mehr als eine Geste, meint hoffend die Braut. Sie selbst wolle allerdings der Bevölkerung den Verzicht auf den Glanz des Ereignisses nicht zumuten. Für die Leute ist der Glamour das Größte, und dazu gehören die Pferdekutsche und eine angemessene Feier. Ein demonstrativ schlichtes Fest, das würde niemand verstehen.

Und dann die Hochzeit: Bodo und sein Lehrmeister haben allen Grund, stolz auf sich zu sein – auch wenn die Feier alles andere als schlicht daherkommt. »Na gut, wir mussten auch ein paar Kompromisse schließen, aber, wenn es für das Volk so wichtig ist, kann man gegen eine Pferdekutsche und ein bisschen Glamour kaum etwas einwenden. Hauptsache ist, dass auch etwas zugunsten der Ärmeren in unserer Gesellschaft geschieht. Und dies haben wir wohl geschafft.« Bodo lächelt überglücklich.

Der historische Moment der Schecküberreichung naht. Bei den letzten Gesprächen war noch immer von einigen Hunderttausend die Rede. Ein Tusch der Kapelle, dann betreten die Frischvermählten unter frenetischem Beifall die Bühne. Desirée hält den Scheck in der Hand, nicht ohne Stolz, und streckt ihn in die Höhe. Jetzt nennt sie auch den gespendeten Betrag: Es sind statt zweihundertfünfzigtausend ganze zehntausend Euro.

Das Ende des Applauses warten Bodo und sein Lehrer erst gar nicht mehr ab. »Zehntausend Euro, nur miese Zehntausend«, wiederholen sie gebetsmühlenartig unter Kopfschütteln, als sie sich in einer abgelegenen Ecke des Schlosshofes wiederfinden. »Ich glaube es noch immer nicht.«

»Und wir dachten, wir könnten die Welt verändern, zumindest ein bisschen.«

»Da hatte meine Großmutter wohl doch recht«, fügt Bodo lakonisch hinzu. »Ein Lieblingsspruch von ihr lautete: Von den reichen Leuten kannst du das Sparen lernen.«

4 NORA

Nora Wolters war an ihrer Schule so etwas wie ein Star, eigentlich der Star schlechthin: intelligent, gewinnend, attraktiv, konkurrenzlos beliebt. Das wäre vermutlich auch so geblieben, hätte sie sich nicht eines Tages in eine problematische Liebesbeziehung gestürzt und später ohne erkennbaren Grund auf einer Parkbank jenen wildfremden Mann angesprochen, der ihrem Schicksal von einem Tag auf den anderen eine jähe Wendung geben sollte.

Es war, als müsste etwas lange Verborgenes, Bedrückendes endlich aus ihr heraus. Zumindest musste sie die Angelegenheit jemandem erzählen. Aber warum ausgerechnet diesem fremden Mann, der sicher mehr als doppelt so viele Jahre zählte wie sie, einem, über den sie nichts wusste, nur dass er auf einer Parkbank saß und gerade in einen Apfel biss. »Sie sind für mich ein Fremder, aber das ist gut so. Mit jemandem, der mich kennt oder weiß, wer ich bin, könnte ich nicht darüber reden. Behalten Sie es für sich, ja?«

Der Fremde hatte bis jetzt kein einziges Wort von sich gegeben, war höchstens etwas verwundert, dass sich diese junge Frau so einfach neben ihn setzte. Ansonsten war er noch immer mit seinem Apfel beschäftigt. Jetzt hob er mürrisch seine Schultern. »Was wollen Sie?« Er stammte erkennbar nicht aus Noras Bildungsschicht: strapazierte Cordhosen, leicht wattierte, grob gemusterte Windjacke, abgelaufenes, derbes Schuhwerk.

»Haben Sie Zeit?«

»Ja, Gott, Zeit, wenn das nur mein Problem wäre?«

»Haben Sie etwa auch Probleme?«

»Vermutlich mehr als Sie!« Jetzt warf er den abgegessenen Apfelrest in hohem Bogen in den Park.

»Wenn ich erst mal sagen darf: Fremde Männer anzusprechen, aus welchem Grund auch immer, das ist nicht gut. Und dann, warum gerade mich?«

»Wenn ich es mir recht überlege, dann sind es vor allem Ihre Augen, die mehr Wärme ausstrahlen als Sie glauben. Da können Sie noch so lange, wie Sie wollen, den Misanthropen spielen.«

»Misanthrop, was ist das?« Zum ersten Mal rührte sich bei beiden der flüchtige Anflug eines Lächelns.

Nora stand zu diesem Zeitpunkt schon in der Schlussphase ihrer Schulzeit, nur noch etwas mehr als ein Jahr bis zum Abitur. Dass sie es großartig meistern wird, daran zweifelte niemand, höchstens sie selbst. Insbesondere in Mathematik galt sie seit Jahren als unschlagbare Königin, bis plötzlich ein völlig unerwarteter, beunruhigender Leistungsknick erkennbar wurde.

»Du darfst übrigens Du sagen. Ich heiße Manfred – habe ich nicht selbst ausgewählt. Ich schlage vor, wir erzählen uns jetzt beide unsere Geschichte, streng vertraulich versteht sich. Meine ist vielleicht schneller erzählt. Kurz und gut: Meine Frau ist auf dem Nachhauseweg von ihrem Liebhaber bei einem Autounfall tödlich verunglückt. Seither bekomme ich mein Leben nicht mehr in den Griff.« Langes Schweigen. »Ich habe die Frau verloren, den Job, als Nächstes war die Wohnung dran.« Nora wusste nicht, was sie darauf antworten sollte. Wie konnte sie nun von der vergleichsweisen Nichtigkeit berichten, die ihr auf der Seele brannte?

Sie begann dennoch, ohne jeden Anflug einer Hemmung: »Ich bin das, was man ein Kind aus gutem Hause nennt. Ich hatte es leicht. Fabelhafte Eltern, Wohlstand, ganz hübsch und nicht dumm. Klassenprima mit Dauerabonnement. Ich war noch keine sechzehn, da verliebte ich mich bei einem Schullandheim-Aufenthalt unglücklicherweise in meinen Klassenlehrer. Und das Schlimme, er verliebte sich noch heftiger in mich, oder sagen wir, er begehrte mich. Es war, als würden wir die Welt aus den Angeln heben. Seine Fächer sind Mathematik und Religion. Im Unterricht warfen wir uns unbemerkt unglaubliche Blicke zu. Aber wir waren kein gleichrangiges Paar. Er begann, mich immer mehr zu beherrschen. Bald landete ich in seiner Junggesellenwohnung und dort im Bett. Na, du kennst sicher solche Geschichten. So weit nichts Besonderes. Natürlich war mir klar, da liegt im Grunde kein Segen drauf.

Er hatte übrigens ungefähr dein Alter. Und eines fiel mir von Anfang an auf. Schon nach kurzer Zeit missbrauchte er seine Position und seinen Vorsprung an Lebensjahren, um seine Macht über mich gnadenlos auszunutzen. Ja, er hatte Macht über mich. Und ich hatte den Boden unter den Füßen verloren, sah nur noch ihn. Irgendwann regte sich bei mir das sichere Gefühl, ich muss da raus. Ich setzte alles daran, war eigentlich schon auf dem Absprung, da traf mich in der Schule völlig unerwartet ein alarmierender Leistungsabfall. Und dieser, ausgerechnet vor allem in Mathematik. Und er? Souverän und großzügig bot er mir sofort seine Unterstützung an, unausgesprochen natürlich gegen willfährige Dienste meinerseits. Er gab mir dann die Klassenarbeitsaufgaben einfach vorab. Ging mit mir Korrekturen durch. Meine Leistungen erholten sich im Nu und waren bald nicht mehr zu überbieten.«

»Das ist ja kriminell!« Manfred konnte nicht mehr an sich halten.

»Aber das Schlimmste steht noch aus. Das schriftliche Abitur. Am gleichen Tag, an dem die Arbeit geschrieben wurde, rief er mich nachmittags zu sich in die Wohnung. Ich solle den Füllhalter mitbringen, den ich in der Klausur verwendet habe. Das hatte natürlich seinen Preis. Den Rest kannst du dir denken.«

»Was für ein Schwein! Und jetzt sitzt er wegen schweren Betrugs hinter Gittern und dich treibt die Angst um, als Nächste an der Reihe zu sein.«

»Halt, halt, das ist eben nicht so. Er unterrichtet völlig unbehelligt weiter an der Schule. Niemand, außer ihm und mir, weiß davon. Nun gut, jetzt auch du. Das hilft mir schon ein wenig. Aber vielleicht auch nicht genug. Ich habe das Gefühl, dass ich meinen Sturz ins Bodenlose nicht aufhalten kann. Soll ich jetzt einfach zur Polizei gehen und ihn und mich anzeigen?«

»So hart es klingt: Mach es nicht! Lass mich erst einmal nachdenken. Er ist Lehrer für Mathematik und katholische Religion, das heißt er ist vermutlich auch geweihter Priester. Ich glaube, in mir dämmert eine Idee. Zur Polizei gehst du jedenfalls erst einmal nicht. Und die katholische Kirche ist vermutlich auch die falsche Adresse. Sie hat ja den Ruf, nicht gerade die Speerspitze in Sachen Aufklärung zu sein, wenn ich das so ausdrücken darf.«

Dass freies Sprechen zu Manfreds besonderen Talenten zählte, davon ging Nora bis jetzt eigentlich nicht aus. Doch was er nun vorschlug, war ohne eine gewisse rhetorische Sicherheit und ein gerütteltes Maß an Unverfrorenheit bestimmt nicht zu meistern.

»Du bist dir sicher, dass er nicht nur Lehrer ist, sondern auch die Priesterweihe hat? Wenn dem so ist, dann nimmt er, zumindest dann und wann, sicher auch die Beichte ab. Ich schlage vor, dass ich, Manfred, bei ihm ganz offen mein Herz ausschütte.«

»Jetzt verlierst du den Verstand, oder zumindest die Bodenhaftung!«

Aber Manfred lässt sich nicht den Mut rauben. »Was ich ihm im Beichtstuhl erzählen werde, ist deine Geschichte, mit allen Details, mit dem ganzen Abgrund von Machtmissbrauch, Perfidie und sexueller Nötigung. Ich sage, eine junge, mir bis dato unbekannte Frau hätte mir auf einer Parkbank berichtet, was ihr widerfahren sei. Und ich würde jetzt bedrückt durch die Gegend laufen, mit diesem Ballast nicht fertigwerden, deswegen sei ich zu ihm gekommen in der Hoffnung, dass er mir unter Mitwirkung des Allmächtigen diese Last von den schweren Schultern nimmt.«

Es war zur Zeit der ersten Maitage, die Sonne, die lauen Winde ließen das Leben leicht erscheinen. Manfred indes konnte nicht verbergen, dass er auf seinem morgendlichen Weg zum Münster Sankt Lioba zusehends von einer wachsenden Anspannung heimgesucht wurde.

Beim Betreten des Beichtstuhls bekreuzigte sich Manfred nach den kirchlichen Regeln: »Im Namen des Vaters, des Sohnes und des Heiligen Geistes, Amen.«

»Amen«, antwortete routiniert der Priester. Jetzt wurde es ernst. Manfred hatte sich vorgenommen, die ihn so sehr bedrückende Geschichte in ihrer vollen Härte zu beichten. Vom Täter im Beichtstuhl trennte ihn währenddessen nur ein Gitter aus Holz und weniger als ein Meter Entfernung. Er konnte ihn zwar nicht wirklich sehen, aber ahnen, wie es Hochwürden geht, das schon.

»Mein Sohn, was kann ich für dich tun?«

»Sie wissen es längst, der Täter ist kein anderer als Sie selbst. Bekennen Sie nicht nur vor Gott, sondern auch vor der irdischen Staatsgewalt, dass Sie ein niederträchtiges Verbrechen begangen und eine junge begabte Frau in den Abgrund gezogen haben.«

Es war nicht einmal mehr ein »Amen« aus der anderen Hälfte des Beichtstuhls zu hören. Wie ein Besessener flüchtete der Priester in rasendem Schritt aus dem Beichtstuhl, rannte, ohne sich noch einmal umzudrehen, durch den Chor des Münsters zum Ausgang und auf die Straße.

»Priester und Lehrer im Beichtstuhl mit Vorwurf schwerer sexueller Nötigung konfrontiert. Schulleitung und Bischof entsetzt.« So war es am Tag darauf der Presse zu entnehmen. Selbst Nora gegenüber wies Manfred jede Beteiligung an der Entstehung dieser Schlagzeile vehement zurück. Aber sie wusste natürlich Bescheid.

»Warum hast du eigentlich nicht gewollt, dass ich zuerst zur Polizei gehe?«

»Erstens dachte ich an deinen Ruf. Ich wollte nicht, dass du als Mittäterin gesehen wirst, sondern als Opfer männlicher Macht und Gewalt. Nur Öffentlichkeit kann bewirken, dass solche Übergriffe weniger werden. Was meinst du? Ich finde, das hilft auch den Männern!«

»Du bist doch kein Misanthrop«, sagte Nora mit einem Lächeln, als sie mit ihm wieder einmal auf der Parkbank saß. Dann packte sie den Apfel aus, den sie ihm traditionell jedes Mal mitbrachte.

5 WUNSCHKIND

»Ich will ein Kind, ich will Mutter werden.« Geradezu
gebetsmühlenartig wiederholt Anna Gerok seit mehr
als einer Stunde immer wieder diesen Satz. Der Mann,
der ihr gegenübersitzt, hört zwar noch geduldig zu, so
richtig begreifen will er den Zustand seiner Patientin
aber nicht. Seit Wochen kann sie ihren Beruf nicht mehr
ausüben, sitzt oft tränenüberströmt allein in ihrer Wohnung. Eine tiefe Traurigkeit hat ihr Leben erfasst, seit sie
spürt, dass sich ihr alles beherrschender Lebenswunsch
mit ihren fast vierzig Jahren kaum noch erfüllen wird.
Vielleicht hat sie in ihren Beziehungen ja alles falsch
gemacht, denn die Männer, die ihr einst Hoffnung auf
die Erfüllung des Kinderwunsches gaben, sind inzwischen längst unverrichteter Dinge wieder entschwunden. Geblieben sind ihr schwere Depressionen und eine
anhaltend massive Kindersehnsucht, die nach Einschät-
zung des Arztes sich bereits zu einem richtiggehenden
Kinderwahn gesteigert hat.

Dass ihr so ein Absturz ins Bodenlose jemals widerfahren könnte, das hat noch vor wenigen Jahren niemand in ihrem Umfeld vorhergesagt oder auch nur
geahnt. Sie stammt aus geordneten bürgerlichen Verhältnissen, ist so gescheit wie gut aussehend. Da schien

der Weg durchs Leben doch auf beruhigende Weise vorgezeichnet: Studium, Beruf, Heirat, Familie. Viel schiefgehen konnte eigentlich nicht. Aber es ging schief.

Mit dreizehn entdeckte sie bereits für sich das andere Geschlecht. Von Frühreife sprachen die besorgten Eltern und, unter vorgehaltener Hand, auch die Nachbarn. Doch es war nicht nur die Anziehungskraft der Männer, die sie in den Bann zog. Es war mehr, eine ausgeprägte, ja nahezu fanatische Sehnsucht, Kinder zu gebären, Mutter zu werden. An diesem Punkt war sie ihren Altersgenossinnen weit voraus und für ihre Eltern deutlich abseits der Erwartungen.

Mit gerade mal sechzehn passierte es: Sie wurde überraschend zum ersten Mal schwanger. Dass sich so rasch ihre Träume erfüllten, damit hatte sie nicht gerechnet. Der Verursacher, ein Mitschüler namens Joachim, ebenfalls sechzehn, übernahm heldenhaft die Verantwortung. Das war aber überhaupt nicht nötig, denn Annas Mutter ließ, als sie die Nachricht erfuhr, keinen Zweifel: »Anna wird sich nicht ihre Zukunft verbauen. Was auch sein wird, sie wird dieses Kind nicht austragen.«

Viele hätten in einer solchen Situation diese definitive Ansage, wenn auch nicht akzeptiert, so doch am Ende befolgt und weggesteckt. Aber Joachim war offenbar aus anderem Holz geschnitzt: »Wenn deine Eltern das Kind nicht wollen, dann bekommen wir es eben ohne ihren Segen.« Nach diesem Satz setzten sich die beiden entschlossen in den nächsten Zug und waren erst einmal verschollen.

Keine zwei Wochen später stand Anna tränenüberströmt wieder vor der Tür ihres Elternhauses. »Unser Kind hat gespürt, dass es nicht willkommen ist.« Sie hatten bereits einen Namen ausgewählt. Ein Junge wäre es geworden.

Einen Einschnitt von solcher Tiefe überleben nur sehr wenige Beziehungen. Auch die Bindung an den mutigen Joachim machte da keine Ausnahme. Bei Anna hinterließ die gescheiterte Schwangerschaft schwere seelische Wunden, die ihrer Liebesfähigkeit danach beharrlich im Wege standen. So etwas wollte sie nicht noch einmal erleben. Mühsam versuchte sie, bis auf Weiteres weder an einen Partner noch an ein Kind zu denken.

Es gelang ihr nicht. Sie begann ein Studium, hatte einige wechselnde Liebschaften und sexuelle Kontakte zu Männern. Dass diese »immer nur das Eine« wollten, bestätigte sich dabei immer wieder aufs Neue. Aber sie wollte das Andere: Sie wollte ein Kind, Mutter werden. Fast schon pathologisch entwickelte sich über die Jahre eine geradezu penetrante Fixierung auf dieses Ziel. An Männern, die ihre Gunst suchten, herrschte weiterhin keinen Mangel. Aber wenn Anna gleich beim ersten Treffen überraschend zielstrebig die Kinderfrage stellte, reagierten die Aspiranten allesamt mit Schock und Flucht. Kaum aufgetaucht, waren sie bald schon wieder weg. Beharrlich verkündete sie weiterhin: »Ich bin keine Frau für eine Nacht.« Ihrem Ziel kam sie damit aber keinen Schritt näher, im Gegenteil, die Bewerberliste dünnte sich mehr und mehr aus. Kinder? »Darüber können wir vielleicht später reden.«

Doch die Zeit lief und die Sehnsucht, endlich Mutter zu werden, nahm immer entschiedenere, ja, fanatische Züge an. Die Eltern blickten verängstigt auf den, wie sie es nannten, immer extremeren »Kinderwahn« ihrer Tochter. Eine Psychotherapie erschien ihnen zwingend notwendig. Der Erfolg blieb jedoch aus. Die Behandlung der merkwürdigen Patientin wurde eingestellt.

Während sie bei ihrer ersten Schwangerschaft, die unglücklich endete, noch viel zu jung war, arbeitet nun mit ihren fast 40 Jahren die Zeit immer gnadenloser gegen sie. Kein potenzieller Vater, kein Kind – und ihre Fruchtbarkeit nimmt unerbittlich weiter ab. Was für ein Schicksal!

Sie will sich aber trotzdem nicht mit ihrer Kinderlosigkeit abfinden: Eine Adoption schließt sie nach intensiver Beratung kategorisch aus. Am Ende bliebe es doch ein fremdes Kind. »Hast du schon einmal an eine Samenspende gedacht?« Der Rat ihrer besten Freundin stößt bei ihr nicht auf Gegenliebe. »Es wäre dann doch wenigstens zu fünfzig Prozent dein Kind.« Je länger sie sich die Situation konkret ausmalt, desto mehr empfindet sie Abscheu vor einer Zeugung mit den Samen eines anonymen Mannes. Wer weiß, vielleicht wäre auch die Mithilfe einer Leihmutter erforderlich. Die Vorstellung, dass Eizellen in größerer Zahl entnommen und vielleicht sogar mehreren fremden Leihmüttern eingesetzt werden müssten, und der Gedanke an ein Kind, das in einem fremden Körper heranwächst, erfüllen sie geradezu mit Ekel. Legal ist das Ganze zumindest hierzulande ebenfalls nicht. Sie registriert es selber nicht, aber aus ihrer Kindersehnsucht ist längst ein Kinderwahn geworden. Und weit und breit niemand, der ihr helfen kann. Hat nicht schon der Arzt, der sie aus der Depression befreien wollte, am Ende resigniert?

Aber ist es wirklich so unerträglich, sich ein Leben ohne eigene Kinder vorzustellen? Für sie scheint es so zu sein. Sie schafft es einfach nicht, sich davon zu befreien. In ihrer Verzweiflung ertränkt sie ihren Kummer erst nur gelegentlich, dann immer häufiger im Alkohol. Auch an diesem Abend, der wieder einmal einsam in einer Bar endet. Gerade noch rechtzeitig entzieht sie sich den kontaktfreudigen Männern, die breit neben ihr Platz genommen haben und ihr einen Cocktail nach dem anderen spendieren wollen. Was für ein schrecklicher Tag!

Und dann auch noch das: Nervös beginnt sie auf dem Weg zum Parkhaus in ihrer Handtasche zu wühlen. Nach wenigen Minuten sind alle Zweifel beseitigt: Geldbeutel, Parkschein, Schlüsselbund, alles weg, definitiv. Und die Parkhauswächter haben bereits vor einer Stunde ihren Feierabend angetreten. Es muss doch irgendwo eine Rufanlage für den Notfall geben! Sie hört aus dem Halbdunkel der Tiefgarage einsame Schritte, die zügig auf sie zukommen. »Hallo, Hilfe.« Natürlich ist es ein Mann. Sie fühlt, dass es für kluge Vorsicht keinen Spielraum mehr gibt. Aber eigentlich hat sie keine Wahl: »Hallo, können Sie mir helfen? Mir sind mein Geldbeutel und mein Schlüsselbund abhandengekommen. Ich weiß nicht wie, aber vermutlich gestohlen, zu allem Überfluss ist auch noch mein Parkticket weg. Ich fürchte, hier komme ich mitten in der Nacht nicht wieder raus.«

»Ich glaube, Sie müssen jetzt erst einmal gar nichts fürchten.« Die Stimme aus dem Halbdunkel müht sich erst einmal um Beruhigung. »Natürlich haben Sie jetzt Angst, das verstehe ich. Das ist verständlich, aber könnten Sie die vielleicht überwinden und mir in dieser sicherlich furchterregenden Umgebung trotzdem Ihr Vertrauen schenken?« Sie weiß nicht warum, aber irgendwie ist ihre nervenaufreibende Angst fast schon verflogen. Ist es seine Stimme, sind es seine Gesten? Fast unglaublich, irgendetwas an ihm ist ihr schon nach wenigen Sätzen nicht mehr fremd.

»Wir versuchen erst einmal, die Leitstelle zu erreichen.« Immer wieder drücken sie die Ruftaste. Keine Reaktion. Nach einer Viertelstunde geben sie desillusioniert auf. »Rufen wir jetzt die Polizei?«

»Wenn ich darf, möchte ich Ihnen einen anderen Vorschlag machen. Vermutlich werden Sie ihn ablehnen.«

Typisch. Wahrscheinlich ist er so impertinent und schamlos wie alle Männer, denkt sie: »Nur damit Sie sich keinen Illusionen hingeben, ich bin bestimmt keine Frau für eine Nacht.«

Vielleicht war es doch eine etwas vorschnelle Entgegnung. Völlig unaufgeregt fährt ihr Gegenüber fort: »Angesichts der fortgeschrittenen Nacht lade ich Sie ein, den Rest bis zum Morgen bei mir zu Hause zu verbringen. Ich verspreche, dass ich Ihnen kein Haar krümmen werde.« Ob sie nur der Not gehorcht, weiß sie in diesem Augenblick nicht, doch hartnäckig hält sich bei ihr das Gefühl, dass es irgendwie das Richtige ist. Mit einem dankbaren, vorsichtigen Lächeln stimmt sie zu.

»Nein, bitte keinen Alkohol.« Anna lehnt den guten Tropfen Rotwein ab, den ihr der Gastgeber anbietet. Bei einer Tasse Espresso sitzen sie wenige Minuten später im Wohnzimmer ihres Retters, reden und reden und vergessen dabei fast die Nachtruhe. »Da fällt mir ein: Wie heißen Sie eigentlich?«

Georg kümmert sich nach der kurzen Nacht rührend engagiert um seinen Parkhausgast. Dass sie gut geschlafen hat, will sie nicht behaupten. Aber immerhin war sie für den kurzen Rest der Nacht in einem Zimmer alleine. Dieser Georg hat sie offensichtlich verstanden. Irgendwie liegt er ihr. Kaum kennengelernt, fühlt sie sich ihm jetzt schon überraschend nahe. In der Parkhaussache war er auch schon aktiv. »Der Schlüsseldienst wird in zwei Stunden Ihre Wohnungstür öffnen, dann haben wir den Zweitschlüssel für das Auto.« Annas Ärger über die Angelegenheit hält sich überraschend in Grenzen.

Der Abschied von ihrem Helfer am Tor zur Tiefgarage fällt dann erstaunlich sachlich aus: »Herzlichen Dank für Ihre Hilfe in der Not. Das hätte ich nicht erwartet.« Georgs kurze Antwort könnte man genauer betrachtet auch vieldeutig nennen: »Ich auch nicht.« Dass das Kapitel, das in dieser Nacht geöffnet wurde, nun sang- und klanglos zu Ende geht, das hat wohl keiner der beiden erwartet. Eigentlich heißt die Frage vielmehr: Wer ruft zuerst an?

Es ist Anna, die in ihrer nicht auszuhaltenden Nervosität als Erste das Ventil öffnet. Noch vor dem Telefonat hat sie sich die kurzen Sätze fein säuberlich zurechtgelegt. Jetzt braucht sie Mut, vielleicht sogar ein gewisses Maß an Unverfrorenheit: »Ich habe Ihnen gestern gesagt, ich bin nicht die Frau für eine Nacht. Das stimmt auch. Aber vielleicht bin ich ja eine für die zweite.« In der Leitung Totenstille, noch ein leises Knacken, aufgelegt.

Welch einen aufdringlichen Unsinn hat sie da nur von sich gegeben? Kein Wunder, dass er aufgelegt hat, würde ich auch tun. Wie erstarrt sitzt sie mit feuchten Augen regungslos auf dem Sofa. Ein ernüchterndes Ende, und das, bevor ihre Geschichte überhaupt angefangen hat. Alles selbst verschuldet.

In einer schmalzigen Liebesgeschichte würde jetzt das Telefon nochmals klingeln und heiße Liebesschwüre würden durch den Äther dringen. Sie ist aber zu sehr Realistin und erwartet erst einmal nichts. Fast hätte sie das Klingeln an ihrer Haustür überhört. Wortlos fallen sie sich in die Arme und lassen sich die nächste Stunde nicht mehr los.

»Du bist wirklich die Frau für die zweite Nacht«, konstatiert Georg bemüht lakonisch, als es wieder hell wird. »Aber jetzt muss ich mal wieder arbeiten gehen. Du weißt ja, wenn eine Frau liebt, liebt sie in einem fort, ein Mann hat dazwischen zu tun.«

»Eine Frau auch. Raus mit dir!«

Sie will es nicht glauben. Kann es sein, dass in diesem freudlosen Leben noch ein Wunder geschieht? Das Kinderthema hat sie bis jetzt wohlweislich ausgeklammert. Irgendwie hat sie es geschafft, diese heikle Frage aus ihren Gesprächen herauszuhalten. Zunächst einmal will sie nicht mit ihm darüber reden, zu groß ist ihre Angst, dass sie ihre noch junge Beziehung dadurch gefährden könnte. Außerdem ist sie sich fast sicher, dass er nicht Nein sagen wird.

Fast wie bei zwei Geschwistern ähneln sich ihre Interessen und Vorlieben: italienisches Essen, französischer Rotwein, Kultur ohne Dünkel, einsame ausgedehnte Strandspaziergänge und den halben Sonntag im Bett verbringen. Sie kennen keine andere Beziehung, in der es so viele Gemeinsamkeiten, so viel Gleichklang der Interessen gibt.

Drei Monate sind sie schon ein Paar, als Anna sich endlich traut, die Frage aller Fragen zu präsentieren. »Willst du mit mir ein Kind haben?«

Georgs Antwort: »Das lässt sich nicht auf dem Diskussionsweg lösen. Worauf wartest du noch?«

»Sei mir nicht böse, aber vielleicht braucht es doch einige Anstrengungen, bis es klappt. Ich bin jetzt schon vierzig. Eine Garantie kann ich dir jedenfalls in meinem Alter nicht geben. Außerdem wächst die Gefahr, dass ich ein behindertes Kind zur Welt bringen könnte. Das würde ich vermutlich nur sehr schwer verkraften.«

»Aber lass uns jetzt doch nicht in Zweifeln untergehen, bevor wir uns überhaupt entschieden haben. Was hältst du davon, wenn wir beide baldmöglichst einen Gen-Test machen lassen? Das würde nicht alles klären, aber wenn man die Erbanlagen beider Elternteile kennt, weiß man annähernd, ob das Kind den Keim einer genetisch bedingten Krankheit in sich trägt. So eine Untersuchung würde auch mich sehr beruhigen.« Die beiden sind sich einig: Alles soll jetzt dafür getan werden, dass sich nach Annas quälend langer und erfolgloser Wartezeit doch noch die unstillbare Sehnsucht nach einem Kind erfüllen kann – und zwar einem gesunden. Je früher sie einen Termin für den Gen-Test bekommen, desto besser.

Die Praxis für Fortpflanzungsmedizin in der Klugestraße zählt zu den modernsten Labors dieser Art. Seit Kurzem können dort Defekte in den Erbanlagen mit großer Sicherheit erkannt werden. Anna und Georg gehen es durchaus mit Humor an: »Was sind wir für vorbildliche Eltern? Wir investieren schon so viel in die Gesundheit unseres Kindes, bevor es überhaupt geboren, geschweige denn gezeugt ist. Was würdest du tun, wenn sich herausstellt, dass unser Kind zum Beispiel mit Trisomie 21 auf die Welt kommen würde? Würdest du es trotzdem austragen wollen?« Anna gibt unumwunden zu, dass sie das noch nicht sagen kann.

Zwei Wochen später hält der Arzt das Untersuchungsergebnis in Händen. Als er das Paar in das Sprechzimmer bittet, wirkt seine Miene fast noch etwas bedeutungsvoller als sonst. »Ich habe interessante Neuigkeiten für Sie. Soweit ich das überblicke, sind Sie nicht von einem Gendefekt betroffen, höchst wahrscheinlich käme ein Kind ohne Erbschaden zur Welt. So weit, so gut. Dann habe ich aber noch ein zweites, sehr überraschendes Ergebnis. Wir haben bei Ihnen interessanterweise eine übereinstimmende Anlageträgerschaft für eine sehr seltene Stoffwechselerkrankung festgestellt.«

Anna und Georg schauen den Arzt mit großen Augen an, der fortfährt: »Bei dieser Identität stellt sich zumindest die Frage: Sind Sie unter Umständen miteinander blutsverwandt? Würden Sie in diesem Fall ein gemeinsames Kind zeugen, dann wäre das ein Inzest, der genetische Risiken in sich birgt.«

Wie Blei legen sich diese schockierenden Sätze auf die Atmosphäre im Sprechzimmer. Halbgeschwister, blutsverwandt, Inzest, das kann doch nicht möglich sein! Ein Irrtum, ohne Zweifel. »Sagen Sie, könnte es sich um einen Fehler oder ein Versehen handeln?« Anna kann sich keine andere Erklärung vorstellen. Doch der Arzt ist sich sicher: »Nein, ein Fehler kann es nicht sein. Deshalb würde ich Ihnen raten, eher kein gemeinsames Kind zu zeugen. Dass es erblich belastet und vermutlich unheilbar krank sein könnte, ist nicht ausgeschlossen. Die genauen Hintergründe in Ihren Herkunftsfamilien werden Sie selber aufklären müssen.«

Noch sitzt der Schock tief. Aber Georg spürt in sich auch ein gewisses Maß an Erleichterung: »Zum Glück waren wir so klug und haben uns noch vor der Zeugung um eine humangenetische Beratung bemüht.« Anna damit zu beruhigen, zeigt zu seiner Enttäuschung nicht die erwartete Wirkung. Als sie die Praxis verlassen, kann sie nicht mehr an sich halten. Unter Tränen bekennt sie: »Georg ich bin schwanger, ich habe mir wenige Tage vor unserem Termin einen Schwangerschaftstest in der Apotheke besorgt. Da ich das Ergebnis einfach nicht glauben wollte, kaufte ich mir gleich noch einen zweiten. Ob es passt oder nicht: Ich erwarte definitiv ein Kind. Ich konnte einfach nicht mit dir darüber reden und dachte, es wird beim Arzt schon alles gut gehen. Merkwürdig, dass er bei der Untersuchung nichts von der Schwangerschaft bemerkt hat.«

Die Fülle an unbeantworteten Fragen, Sorgen und Ängsten, die auf das bisher zuversichtliche Paar hereinbricht, übersteigt das Erträgliche: Haben sie eventuell einen gemeinsamen Vater? Warum haben sie davon nie erfahren? Ist das Kind in Annas Bauch geschädigt oder akut gefährdet? Haben sich Anna und Georg durch den

Inzest schuldig gemacht, auch wenn sie zum Zeitpunkt der Zeugung ahnungslos waren?

Sie sind sich einig, was als Nächstes zu geschehen hat. Das Wichtigste ist jetzt das Kind. Muss man mit einer Genschädigung und mit Erbkrankheiten rechnen, oder gibt es die Hoffnung, dass es trotzdem gesund zur Welt kommt?

»Dass Sie ein gesundes Kind bekommen, ist keineswegs ausgeschlossen, sogar eher wahrscheinlich«, meint der Arzt. Eine Untersuchung des Embryos wird uns Klarheit verschaffen. Auch wenn das Kind zum Zeitpunkt der Geburt nicht erkennbar erbgeschädigt sein sollte, muss eine spätere eigene Schwangerschaft eher kritisch gesehen werden. Niemand kann Sie aber daran hindern, das Baby trotz allem zur Welt zu bringen.«

Was tun? Anna hat schon viel zu lange auf ihr Wunschkind gewartet, als dass Sie jetzt einfach einer Abtreibung zustimmen könnte. Doch was bedeutet es für das Kind, wenn ihm später davon abgeraten werden muss, selbst Kinder zu bekommen? Eine wirklich gute Lösung scheint es überhaupt nicht zu geben.

Mittlerweile bringt ein mit Georg befreundeter Journalist, der die Sache aufgegriffen hat, mit seiner Recherche erstaunlich schnell Klarheit in den Fall. Nicht die Liebe, so findet er heraus, sondern Geld erklärt die Hintergründe. Annas leiblicher Vater, also der Ehemann ihrer Mutter, war in Sachen Fortpflanzung keineswegs nur in seiner Ehe aktiv. Offenbar hat er sich als Samenspender nebenbei ein kleines Zubrot verdient. Da Kinder heute ein Anrecht haben, auch bei Samenspenden ihren biologischen Vater ausfindig zu machen, ist es für Georg nur ein kleiner Schritt bis zur Feststellung seiner Identität. Georgs Vater selbst kann nicht mehr befragt werden. Er nahm seine Spendertätigkeit als Geheimnis mit ins Grab. Was hat er nur seiner Familie angetan? Georg sieht eine kaum noch tragbare Last, der er sich jetzt stellen muss. Der Ruf nach der Samenbank kam von seiner Mutter aber keineswegs leichtfertig. In den medizinischen Untersuchungsprotokollen seines gesetzlichen Vaters ist nachzulesen, dass er zeugungsunfähig war. »Ohne Samenspende gäbe es mich überhaupt nicht.« Für Georg und Anna ist das in ihrer bedrückenden Situation allerdings nur ein schwacher Trost. Ahnungslos hat sich das Paar auf eine hochriskante Inzest-Beziehung eingelassen. Das lang ersehnte Kind ist auf dem Weg und ihr Blick in die Zukunft nur noch traurig.

Vier Wochen später wartet das Gen-Labor mit einem Ergebnis auf, das eigentlich etwas Beruhigendes in sich birgt: Zumindest genetisch ist das Baby ohne jeden Krankheitsbefund. Die Chance, gesund durch die Welt zu gehen, ist groß, fast so wie bei anderen gesunden Kindern. Jetzt gilt es zu entscheiden: Soll das Kind wirklich geboren werden oder sprechen sich Anna und Georg aus Vorsicht und Verantwortung doch für einen Abbruch der Schwangerschaft aus?

Auch wenn das Baby gesund und erblich unbelastet auf die Welt käme, viele Ärzte würden dem Nachwuchs aus einer Inzestbeziehung von eigenen Kindern sicher eher abraten. »Sollen wir jetzt dafür sorgen, dass es erst gar nicht zur Welt kommt? Können, wollen wir das unserem Kind und uns selbst wirklich antun?« Anna hat viele traurige Jahre ohne Erfolg um ein eigenes Kind gekämpft. »Dass es jemals wahr werden könnte«, bekennt sie, »daran habe ich schon lange nicht mehr geglaubt. Ich will und kann ihm nach meinem eigenen langen Leidensweg das Recht auf sein Leben nicht nehmen.«

Anna weiß, dass sie auch auf Kritik stoßen wird, aber es ist ihre letzte Chance, doch noch ein Kind zu gebären. Trotz aller Enttäuschungen, trotz der schwierigen Umstände, ihre Sehnsucht danach ist ungebrochen. Selbstbewusst trifft sie die Entscheidung und erklärt mit einer Deutlichkeit, die jeden Widerspruch ausschließt: »Es bleibt!«

6 ENDSPIEL

Es steht außer Frage: Dieser Mann ist ein Sonderling, ein Außenseiter, für viele auch ganz einfach ein Loser. Keiner, der Wilhelm G. schon in seiner Kindheit kannte, hätte ihm im Leben irgendetwas Besonderes zugetraut. Es war fast so, als begnügte er sich mit seinem bloßen Anderssein. Die Mädchen im Wohnviertel ignorierten ihn und für seine Geschlechtsgenossen war er im besten Fall eine Zielscheibe für Hohn und Spott.

Ein Schwächling sei er, lästerten seine Klassenfreunde nicht nur, wenn er beim Sportunterricht wie immer als Letzter hinterherhechelte. Wäre damals der Begriff Warmduscher schon erfunden gewesen, man hätte gesagt, er sei ihm geradezu auf den Leib geschrieben. Wer über ihn sprach, ließ höchstens einen Hauch von Mitleid erkennen. Dass gerade so einer einmal hochgeachtet von sich reden machen würde, das hat wirklich niemand vorhergesehen. Aber es geschah. Und verantwortlich dafür war eine selten gewordene Eigenschaft, die zunächst niemand erkannte: Er ist ein Mann von fester Gesinnung, einer, der sich selber treu bleibt, insbesondere im Kampf für den Frieden. Ganz klein hat er damit angefangen, aber klein ist er nicht geblieben.

Nach fast 50 Jahren beendet er jetzt seine, wenn man es so nennen will, besondere Karriere. Er hat sehr viel bewegt. Gegen die Wiederbewaffnung Deutschlands kämpfte er einst, war Atomkraftgegner und führendes Mitglied der Friedensbewegung, organisierte Großdemonstrationen und die legendäre, über hundert Kilometer lange Menschenkette mitten durchs Schwabenland. Ein in der Wolle gefärbter Pazifist. Seine Beliebtheit in der Szene nahm spürbar zu. Ein erstaunlich erfolgreicher Revolutionär der sanften Sorte. Selbst die sprichwörtliche Fliege an der Wand hat ihn auch an schlechten Tagen nie geärgert oder gar provoziert.

Nein, Wilhelm B. füllte das biblische Wort vom Hinhalten der einen wie der anderen Wange mit angewandter Lebensphilosophie. Das wurde schließlich auch am Gymnasium bemerkt: Seine Abiturrede, in der Lokalpresse im Wortlaut abgedruckt, war durchaus dazu angetan, die versammelten Hoffnungsträger seines Jahrgangs nachhaltig wachzurütteln: »Werden wir Rebellen! Seien wir Vorkämpfer für eine Welt, in der es das Wort Krieg nicht mehr gibt.« Es klang naiv, aber es war ihm durchaus ernst damit.

Keine Frage, dass nach unzähligen Aktionen, Sit-ins, Go-ins, Blockaden und Demos sein friedvoller Weg an die Spitze einer bedeutenden internationalen NGO nur die logische Konsequenz sein konnte. Gewalt, Unterdrückung, Krieg, wer konnte glaubhafter dagegen angehen als er. Und eines war mit Sicherheit nicht abzustreiten: Auch wenn die Zielmarke »Weltfrieden« über die Jahre immer mehr zur Illusion verkam, Wilhelm B. hat zumindest ohne Unterlass aufrecht dafür gekämpft – friedlich.

Und nun? Als untätiger Rentner, als schlichter Empfänger von Versorgungsbezügen will und kann er sich auch künftig nicht sehen. Er muss irgendwie aktiv bleiben. Aber wie und wo? Er sieht sich um, fragt auch seine Ehefrau. Was ihr allerdings einfällt, ist für ihn mehr als ernüchternd und deutlich unter seinem Niveau: So kam sie ungeniert mit der fast beleidigenden, banalen Idee, er könne endlich den Keller aufräumen oder den Speicher entrümpeln. Beides sind sicher keine auch nur annähernd angemessenen Vorschläge. Kein Wunder, dass diese Punkte seit Jahren unbearbeitet auf der häuslichen To-do-Liste stehen.

Nun gut. Er ist ja ein friedliebender Mensch. So geht er die lästigen Aufgaben zwar ohne Leidenschaft, aber immerhin einigermaßen pflichtbewusst und entschlossen an, ganz oben, unter dem Dach. Bei spärlichem Licht tastet er sich langsam durch Berge von Umzugskisten, durch Säcke und Koffer mit Altkleidern, Sammelsurien von Erinnerungsstücken, bejahrtem Kinderspielzeug und Heerscharen von Plüschtieren. Die Luft unterm Dach riecht stickig nach Staub und vergilbtem Papier. Gegenüber dem Eingang, ganz am Ende, erkennt er ein Regal, das sich auffällig vom übrigen Chaos unterscheidet. Das hat er noch nie wahrgenommen. In den Fächern reiht sich eine rätselhafte, wohlgeordnete Ansammlung von Heften, Ordnern, Schachteln aneinander – ebenfalls vom Fraß der Zeit gezeichnet.

Er schlägt eines der Hefte auf. Es ist randvoll mit handschriftlichen Einträgen: *1.e4 e5, 2.Sf3 Sc6, 3.d4.* So geht es viele Seiten weiter. Er versteht nichts. Doch dann fällt sein Blick auf die Holzschatulle daneben. Und unmissverständlich steht es da mit großen Lettern in den Deckel eingebrannt: SCHACH.

»Ein Kriegsspiel und das in unserem Haus!« Das ist das Erste, das ihm einfällt. Einst wollte ihn sein Vater, der fast auf dem Weg zum Schach-Großmeister war, für das Spiel gewinnen. Aber Wilhelm, der sonst so sanfte, antwortete hundert Mal mit einem eisernen, grollenden Nein. Ganz ungeschoren kam er allerdings nicht davon.

»Papa, Schach ist ein Kriegsspiel!« So lautete seine Erkenntnis nach der ersten Partie, die ihm sein Vater aufgezwungen hatte. »Nein, es ist das intelligenteste Spiel, das die Menschheit je erfunden hat. Hier kann man seine geistige Gewandtheit, seinen Ideenreichtum und seine konstruktive Fantasie beweisen.« Es war sinnlos, mit dem Vater darüber zu diskutieren: »Schach ist ein Kriegsspiel«, wiederholte Wilhelm zum x-ten Mal. »Der Krieg ist der Vater aller Dinge«, hielt der Alte stoisch und etwas altklug dagegen.

Sein Vater war im Zuge einer unschönen Frauengeschichte schon vor Jahren ausgezogen. Die traurigen Erinnerungen an seine letzten Jahre unter diesem Dach wurden in Wilhelms Familie mehr oder weniger verdrängt. Die Relikte seiner Schachkarriere aber hatte der Abtrünnige zurückgelassen. Nicht nur seine Notationshefte, die den Verlauf hunderter von Partien minutiös dokumentierten, auch eine stattliche Anzahl von Brettern und Figuren aus Hölzern verschiedenster Art, aus Metall, aus Elfenbein, sogar aus Plastik. Ein ganzes Arsenal von Schachreliquien befindet sich in dem Regal unterm Dach. Niemand, weder Wilhelms Mutter noch seine Geschwister, nahm die Asservate je wieder in die Hand.

Wilhelms Meinung über das königliche Spiel bleibt die alte. Was ist das für ein Spiel, in dem Worte wie schlagen, töten oder gar morden den Ton angeben? Außerdem stehen Schachspieler nicht gerade im Ruf, zu den einnehmendsten menschlichen Charakteren zu zählen. Den Feind in aussichtlose Enge zu treiben, möglichst bald Schachmatt zu setzen, das macht aus vielen Spielern wortkarge, verkrampfte, eher unfreundliche und unangenehme Zeitgenossen, die nichts anderes im Sinn führen, als freudlos ihren Sieg anzupeilen. Wo Könige, Damen, Türme, Läufer und Springer das Feld beherrschen, liegt die Nähe zu Krieg und Gewalt einfach auf der Hand.

Für Wilhelm, der ohnehin mit seinem kaiserlichen Vornamen zeitlebens hadert, war das ein einziger Graus. Dabei hat er als Jüngling, befördert durch Vaters Vorbild und Erwartungsdruck, selbst die hohe Kunst des königlichen Spiels erlernen dürfen – oder eher müssen. Jetzt stünde er ihm gerne noch einmal gegenüber und würde ihm freimütig erklären, dass Schach eben keine Zierde der Menschheit ist. Genauso wenig wie angeblich die Aufrüstung dem Frieden dient. Nach der langen Kontaktpause zwischen ihm und seinem Vater entschließt sich Wilhelm spontan zu einem Anruf. Auf Bekehrung setzt er dabei nicht, aber vielleicht doch auf eine tröstliche humane Einsicht.

Der Vater sollte jetzt ein letztes Mal gegen ihn antreten – nach bewährtem Ritual: ein kleiner runder Tisch, eine Lampe, die ihr Licht ganz auf das Quadrat mit seinen vierundsechzig Feldern konzentriert. Als der Vater zustimmt, rechnet der Sohn noch einmal nach. Der Alte zählt jetzt fast 92 Jahre, er selbst 66. Wie lange hielt er, Wilhelm, wohl keine Schachfigur mehr in Händen. Er nimmt es ernst.

Ohne einen schweren dunklen Rotwein begann nie eine Partie in diesem Haus. So auch dieses Mal nicht. Im Glas ein Crozes Hermitage, ein Syrah des Jahrgangs 1998. Beim ersten Anstoßen schauen sich zwei Menschen aus einander fremden Welten in die Augen: ein glühender Pazifist der eine, ein abgeklärter kämpferischer Realist der andere. Es liegt förmlich in der Luft: Um mehr als nur um Schach oder Schachmatt wird es heute gehen, um ein Lehrbeispiel, das des Vaters destruktives Weltbild endlich entlarven soll.

Wilhelm weiß nur zu gut, dass die Überhand starker Figuren beim Schach fast alles entscheidet. Offensiv versucht er vom ersten Zug an, sein Gegenüber in Bedrängnis zu bringen. Vergeblich. Auch die Mobilisierung schweren Materials, Dame, Türme, Läufer, bringt nicht den erwarteten Erfolg, dafür wächst Wilhelms Unsicherheit in bedenklichem Ausmaß, desgleichen sein Alkoholkonsum, der des Vaters nicht minder. Die ersten schwarzen und weißen Läufer fallen. Ein Austausch, der kaum Nutzen bringt.

Auf beiden Seiten zunehmende Nervosität. Die Schweißperlen auf Wilhelms Stirn mehren sich bedrohlich. Ein mehr als kämpferischer, ein völlig entfesselter Siegeswille beherrscht die Szenerie. Die ehernen Grundsätze eines friedfertigen Menschen – vergessen. Im festen Glauben an den Sieg setzt Wilhelm gegen null Uhr mit seiner Dame zitternd und eifernd ein erstes Schach. Eine zweite Flasche Wein wird geöffnet. Der Vater wirkt noch immer gelassen. Als er die stärkste Frau im Spiel, die Dame, mit ruhiger Hand wie selbstverständlich schlägt, merkt Wilhelm gar nicht mehr, dass sein Rotweinkonsum das zuträgliche Maß längst überschritten hat. Seine Züge irren in Sphären kaum begründbarer Waghalsigkeit sinnlos umher. Seine Gesichtsröte strebt unaufhaltsam einem kritischen Zustand entgegen. Aber der Siegeswille ist noch immer ungebrochen, ja geradezu fanatisch. Doch die Schläfrigkeit wächst, die Konzentration sinkt. Wahllos wird das Figurenarsenal auf beiden Seiten dezimiert.

Als der Vater kurz nach zwei Uhr zum spielentscheidenden Zug ansetzen will, kann Wilhelm dem Geschehen schon nicht mehr folgen. Ist er noch bei Bewusstsein, fragt sich sein Gegenüber? Doch da legt sich auch des Vaters Kopf nachtschwer auf das Brett. Die sorgsam durchdachte Anordnung der Figuren verwandelt sich in einen Trümmerhaufen. Der aktuelle Spielstand weicht einem Bild sinnloser Zerstörung.

Die Putzhilfe, die am nächsten Morgen gegen neun das Haus betritt, findet zwei im gleichen Takt auf ihren Sesseln schnarchende Männer vor. Als sie die beiden wachrüttelt, glaubt sie, fast synchron aus beiden Mündern ein gehauchtes, schwaches »Matt« zu vernehmen. Kurz darauf sind die beiden nicht mehr von dieser Welt. Fast könnte man den Anblick friedlich nennen.

7 NIEDERHADERN

Das Dorf Niederhadern zeichnet sich unumstritten durch ein beherrschendes Merkmal aus: seine unglaubliche Langeweile. Dabei ist es nicht etwa so, dass hier wenig passiert. Es passiert schlicht gar nichts – zumindest nichts, was der Erwähnung wert wäre. Dass seine Geschichte trotzdem erzählenswert erscheint, löst sicher Verwunderung aus – zumindest auf den ersten Blick.

Keiner weiß genau warum, aber irgendwann hängte sich das kleine Dorf mit seinen rund 950 Seelen von der allgemeinen Entwicklung mehr und mehr ab. Was zurückblieb, reduziert sich auf einige bäuerliche Randexistenzen sowie eine stattliche Anzahl von Dauerarbeitslosen und Sozialhilfeempfängern, überwiegend der älteren Generation. Kindergeschrei war selten zu hören in Niederhadern, auch mangels Familien mit Migrationshintergrund. So ist die erste, zweite und dritte Gastarbeiterwelle an Niederhadern folgenlos vorbeigegangen: die Italiener in den späten Fünfzigern, in den Sechzigern die Griechen und die Arbeitssuchenden vom Balkan. Anfang der siebziger Jahre tauchte dann überraschend eine elfköpfige Familie aus Anatolien auf. Sie brachten nicht nur das Kindergeschrei wieder ins Dorf zurück, sondern auch den Plan, das

Gewerbeleben von Niederhadern durch die Etablierung eines Döner-Imbiss mit dem international anmutenden Namen Kebab-Klause neu zu beleben. Trotz des bevorzugten Standorts direkt gegenüber der Kirche blieben die Gäste aus. Resigniert verließen die ambitionierten Türken bald wieder das Dorf. Schon drei Jahre zuvor hatte der einzige Lebensmittelladen, ein Geschäft mit langer Familientradition, notgedrungen für immer geschlossen.

Man könnte sagen, das Gewerbeleben von Niederhadern lag mehr oder weniger darnieder. Zu erwähnen wäre höchstens noch das Dorfgasthaus mit seiner kleinen, aber verlässlichen Stammkundschaft und ein Spezialbetrieb, der sich aus gutem Grund nur in einem gebührenden Abstand von den dörflichen Bebauungsgrenzen niederlassen durfte. Es war aber, im Unterschied zu anderen im Ort, ein kleines Unternehmen, das florierte. Emil Sauter hatte es mit großem Engagement als Ein-Mann-Unternehmen zum Erfolg geführt. Diese Tatsache machte es für ihn etwas leichter, das zu ertragen, was ein Betrieb zur Beseitigung und Wiederverwertung von Tierkadavern und Schlachtabfällen unvermeidbar nach sich zog: einen kaum auszuhaltenden, penetranten Gestank.

Mit dem heranwachsenden Sohn Markus lebte der alleinerziehende Vater direkt neben seiner Abdeckerei. Markus besuchte das Gymnasium in der Kreisstadt und schrieb sich anschließend auf Vaters Bitte an der nächstgelegenen Universität ein. Er hatte natürlich nicht den geringsten Wunsch, in den väterlichen Betrieb einzusteigen. Für Emil Sauter war aber klar, ohne personelle Unterstützung würde er die Arbeit künftig nicht mehr bewältigen. Er musste baldmöglichst jemand anstellen.

Es ist ein unangenehm trüber Herbsttag. Der verwahrloste, brachliegende Rübenacker neben dem Dorfgasthaus setzt heute einen besonders markanten Kontrapunkt zum Namen des Lokals »Zum schönsten Wiesengrunde«. Wie alle Tage hat sich die Stammtischbelegschaft auch an diesem Freitag bereits vor elf Uhr vollzählig eingefunden. Ein Tag wie jeder, könnte man sagen, bis sich die Kneipentür kurz vor zwölf ganz ungewöhnlich kraftvoll öffnet.

»Das gibt es doch nicht! So einen habe ich hier noch nie gesehen. Ein Ne…, ein Schwarzer in unserem Dorf!« Gerda, die Bedienung, liefert gerade die dritte Runde Schnaps an und mischt sich auch noch selber ein. »Ja, und ein farbiges Fräulein ist auch dabei, sogar ein ganz hübsches.« Der Stammtischälteste nimmt sichtlich seinen ganzen Mut zusammen und fragt die neuen Gäste in einem bemüht höflichen Tonfall: »Ich weiß, man soll Leute wie Sie eigentlich nicht mehr wie früher nennen, aber trotzdem, was führt einen wie Sie als Dunkelhäutigen ausgerechnet in unser schönes Niederhadern?«

Jetzt flüstert der Afrikaner, der sich zu beherrschen versucht, seiner Begleitung, offenbar seine Tochter, leise etwas ins Ohr. Schlagartig stehen beide auf und verlassen, ohne sich noch einmal umzudrehen, den Ort der

Begegnung. Draußen vor der Tür vom »Zum schönsten Wiesengrunde« machen sie sich erst einmal Luft. Ihr Entsetzen über so viel falsche Höflichkeit entlädt sich in einem lautstarken Wutausbruch.

Von Langeweile ist in Niederhadern seit diesem Vorfall keine Rede mehr. Der Einzige, der die Dimension des Auftretens der scheinheiligen Stammtischbrüder sofort erkennt, ist Emil Sauter, der neue Arbeitgeber von Akono Bougari, der vor drei Jahren aus Nigeria nach Europa entkommen ist. Jetzt hat er einen zwar nicht gerade einladenden Arbeitsplatz, aber immerhin einen soliden Job und dazu eine Bleibe für sich und seine Tochter Mara in Sauters Anwesen.

Bisher hat das verschlafene Niederhadern bei den politischen Parteien eher geringe Beachtung gefunden. Es gibt ja kaum Stoff von Erregungswert, Themen, die eventuell gar in Stimmen umgewandelt werden könnten. Aber jetzt verbreitet sich die Kunde von dem Afrikaner und seiner Tochter wie ein Lauffeuer.

Dass sich die AfD als Erste rührt, war zu erwarten. Mit großem Werbeaufwand versuchen sie eine Kundgebung auf dem Kirchplatz auf die Beine zu stellen. »Zurück in den Busch? Afrika in Niederhadern – niemals!«

Überraschend stoisch reagieren die Einheimischen bislang auf das neue fremde Element in ihrem Dorf. Gegrüßt werden Vater und Tochter nur sehr selten. Wenn die beiden auftauchen werden Blicke abgewandt und Fenster geschlossen. Aber auf die Straße gehen, so ist zu vernehmen, will aus diesem Anlass dann doch kaum jemand.

Die Unruhe bei der AfD wächst beängstigend.

Da beschließt die Kreisleitung der Partei, einer Pleite zuvorzukommen. Für den Umkreis von fünfzig Kilometern wird ein kostenloser Fahrdienst zur Kundgebung organisiert. Angereist kommen dann viele, auch aus entfernteren rechten Hochburgen, Leute, die bereits ein Expertenwissen mitbringen, entsprechendes Gerät und das zugehörige Aussehen.

Dass die Kundgebung, abgesehen von einigen Rangeleien, einen friedlichen Verlauf nahm, steht zwar tags darauf in der Kreiszeitung. Der berichtende Journalist hat aber offenbar seine Gesamtbewertung sehr frühzeitig vorgenommen, denn als am Abend ein schwerer Stein durch die Fensterscheiben der Bougaris flog, saß der Reporter längst schon entspannt beim friedlichen Abendessen im Familienkreis.

Zwar wurde niemand ernsthaft verletzt. Doch für Markus, Sauters Sohn, war das mehr als ein Signal. Und er hat recht. Die Übergriffe nehmen zu. Auch aus Kreisen der heimischen Einwohnerschaft mehren sich Morddrohungen und ungeklärte Attacken auf das Sautersche Anwesen. Die Ortsbevölkerung spaltet sich in zunehmend vergiftete befeindete Lager. Nicht nur die Langeweile, auch der Ortsfrieden ist dahin.

Markus sucht das Gespräch mit Akono und seiner Tochter Mara. Wir müssen etwas tun. Aber was? Im Rückblick ist nicht mehr genau festzustellen, wer die

Idee hatte. Aber zuerst sind es die drei, dann weitere gutmeinende Bürgerinnen und Bürger und schließlich sogar einige Mitglieder des Gemeinderats.

Der Plan ist für Niederhaderner Verhältnisse ausgesprochen kühn: ein deutsch-afrikanisches Treffen auf dem Kirchplatz mit Diskussionen, aber auch mit Musik, Tanz und einem kleinen Markt. Zum Mitmachen eingeladen werden alle, ohne Berücksichtigung von Herkunft und Hautfarbe, gleichgültig ob sie nur zuschauen oder selbst etwas beitragen wollen. Vielleicht, so die Initiatoren, lässt das in manchem Holzkopf ein Licht aufgehen.

Tatsächlich, das Vorhaben nimmt Gestalt an, auch wenn sich nicht wenige über die »Gutmenschen von der Tierverwertung« lustig machen. Bis spät in die Nacht wird wild getanzt und ungeniert weit über Zimmerlautstärke gesungen und gelacht. Eine traumhafte Wetterlage schafft die Kulisse für eine turbulente, bis vor Kurzem im Dorf noch unvorstellbare Sommernacht. Doch mitten hinein in diese ausgelassene Stimmung geschieht plötzlich Unerwartetes: Es fällt ein Schuss. Geschrei, tumultartige Szenen. Wurde jemand getroffen?

Keiner der Afrikaner jedenfalls. Doch bald herrscht traurige Gewissheit. Das offensichtlich gezielt ausgewählte Opfer ist Emil Sauter, der die Ansiedlung des Afrikaners durch die Beschäftigung in seinem Betrieb ja schließlich zu verantworten hat. Von der Kugel eines Jagdgewehrs mitten in die Brust getroffen – aber er lebt noch.

Später wird sein Sohn Markus sagen, wie einschneidend dieses Geschehen sein weiteres Leben geprägt hat. Am Krankenbett des zum Glück bald wieder genesenden Vaters trifft er eine unerwartete Entscheidung, die nicht nur die Dorfgemeinschaft verblüfft und erregt: Markus, gerade mal 23 Jahre alt, will bei der nächsten Bürgermeisterwahl als unabhängiger Bewerber kandidieren. Und noch eines, im Falle seines Sieges wird die künftige First Lady Mara Sauter heißen, die Tochter von Akono. Das Paar, das sich schon kurz nach dem Einzug bei Sauters gefunden hat, will sich schon im nächsten Monat das Ja-Wort geben.

So etwas haben selbst die ausgebufftesten Boulevardreporter noch nicht erlebt. Das Aufgebot an Kamerateams und Reportern am Trauungstag erreicht eine Dimension, die die Erwartungen weit hinter sich lässt. Aber nicht nur die Medien, auch die Bürgerinnen und Bürger von Niederhadern sind praktisch komplett erschienen. Die meisten halten Schilder hoch, auf denen steht: »Mara und Markus – unsere weltoffene Zukunft«. Eine Handvoll bemühter Flugblattverteiler von der AfD versucht beharrlich, aber erfolglos, Gefühle wiederzubeleben, die die meisten im Dorf in den vergangenen Monaten gerade hinter sich gelassen haben.

Und dann die Wahl: Beobachter meinen, die Gattin des frisch gewählten Bürgermeisters habe, dank ihrer Persönlichkeit, einen sogar größeren Anteil am Wahlsieg als der eigentliche Kandidat. »Sie sieht wirklich verdammt gut aus, und außerdem ist sie auch noch intelligent«, meint sogar der Stammtischvorsitzende.

Mit Schwung und Lebensmut stellt sich der frisch gewählte Bürgermeister den Herausforderungen, die auf ihn warten. Die Begeisterung in der Bevölkerung hält, zur Überraschung vieler, weiter an. Zu stolz sind die Einwohner auf die breite, positive Resonanz der Medien, die Niederhadern, erstmals in seiner Geschichte, so eine beneidenswert große Aufmerksamkeit beschert hat.

Doch bald zeigt sich: Der Stimmungswandel im Dorf ist nicht von Dauer. Erst hinter vorgehaltener Hand, dann offen und lautstark rührt sich wachsender Unmut.

»Ist das noch unser Dorf?«

»Müssen wir die penetrant positive Haltung der Bürgermeistergattin wirklich aushalten?«

Gleichgültig, ob Niederhaderns Wirtschaft erkennbar prosperiert: »Wir wollen kein überfremdetes Dorf, wir wollen es so deutsch wie es einmal war.«

Es ist schließlich ein Zuwanderer aus dem weiteren Umkreis, der sich nach einer Wahlniederlage an seinem bisherigen Wohnsitz den Keim der Unzufriedenheit in Niederhadern zunutze macht. Auf der Straße wird Mara jetzt weniger gegrüßt, eine Flut anonymer Briefe signalisiert, dass die Stimmung im Dorf mehr und mehr kippt. Das belegen auch zahlreiche Wandschmierereien eindeutigen Inhalts.

Mara, die inzwischen ihr erstes Kind erwartet, ist sich sicher. Dem, was sich hier erneut aufbaut, werden sie nicht gewachsen sein. »Ich will nicht warten, bis wieder Schüsse fallen. Ich würde sagen, wir ziehen von hier weg, aber ehrlich gesagt, ich weiß nicht wohin.«

8 FLANEUR

Seine Entscheidung stand fest, unverrückbar, felsenfest. Gesprochen hatte er darüber bis jetzt noch mit niemand. Warum auch? Es betraf ja nur ihn selbst, eine ureigene Angelegenheit.

Doch da sich das Ende seiner Berufslaufbahn beängstigend rasch näherte, blieben die Fragen seiner Umgebung nicht mehr aus. Sie wurden bald schon bedrohlich häufig gestellt: »Was machen Sie, wenn Sie in den Ruhestand gehen? Haben Sie einen Plan, eine Perspektive für das Leben danach?«

Nur Schweigen war keine akzeptable Reaktion mehr. Auch der Satz »Ich weiß nicht« würde eher dürftig wirken. Er entschied sich kurz und prägnant für die Aussage »Ich werde Flaneur«. Das war es dann aber auch schon.

Nachfragen, Erklärungswünsche blieben zunächst aus. Kaum einer wollte sich die Blöße des Nichtwissens geben. Und auch er selbst stellte fest, ganz genau könnte er seinen künftigen Lebensentwurf nicht beschreiben. Flaneur …?

Im Zweifelsfall hilft Wikipedia: »Ein Flaneur ist ein Mensch, der im Spazierengehen schaut, genießt und planlos umherschweift.« Das hätte für ihn, so dachte er, durchaus den Reiz des Neuen. In seinem bisherigen Leben war planloses Umherschweifen nicht vorgesehen. In dem multinationalen Automobilkonzern, für den er tätig war, gehörte ein notorisch knappes Zeitbudget fest zu den individuellen Erfolgsmerkmalen. Endlose Meetings, Dienstreisen, Tagungen, Schaltkonferenzen, das Übliche ... Die stattliche Honorierung, die in seinem Vertrag stand, konnte die deutlichen Defizite auf die Dauer nicht wettmachen. Was ist das für ein Leben, fragte er sich immer häufiger. Jetzt aber, in seiner mutmaßlichen Schlussphase auf Erden, sollte endlich alles anders werden, ein letzter Versuch: Flaneur.

Familiäre Bezugspersonen gab es für Heiner Becker seit Jahren so gut wie nicht mehr. Die beiden Kinder waren längst aus dem Haus, hatten nach sehr dünnen Erfahrungen mit der zeitlichen Verfügbarkeit und Zuwendung des Vaters den Kontakt zu ihm nahezu eingestellt. Auch die Gattin war nicht mehr vorhanden. Sie ließ den notorisch Abwesenden eines Tages einfach stehen. Nicht einmal den kostbaren Schreibtisch, ein Geschenk von ihm, nahm sie mit.

Aber immerhin: Jetzt war er frei, befreit von der Last der Arbeit und dem Druck der Familie. Was für eine Chance! So hoffte er jedenfalls.

Ein Mann wie Heiner Becker stellt sich nicht unvorbereitet einer solchen Herausforderung. In etwas völlig Neues ahnungslos hineinzuschliddern, das war auch in seinem bisherigen, auf Aufstieg angelegten Leben nicht seine Sache, dabei blieb es auch jetzt.

Vielleicht, so begann er bald zu grübeln, hat er seinen Entschluss doch etwas vorschnell öffentlich gemacht. »Flaneur«, es war erwartbar, dass die Kolleginnen und Kollegen sein Bekenntnis als Vorlage für so manche neidbesetzte Witzelei ausschlachten würden.

Noch ließ er sich davon nicht beeindrucken oder gar von seinem Ziel abbringen. Doch eines spürte er jetzt unmissverständlich: Die Rolle eines Flaneurs war nur auf der Basis einer gründlichen inhaltlichen Vorbereitung erfolgversprechend auszuführen.

Ein ganzes Jahr wollte er sich für die Einstimmung Zeit nehmen. In seiner bildungsbürgerlichen Herkunftsfamilie waren Schriftsteller mit Neigung zum Flaneur, wie zum Beispiel Edgar Allan Poe, Marcel Proust oder Walter Benjamin, immerhin keine Unbekannten. Mit Verve stürzte er sich in deren Gedankenwelt. Die Frage, was er denn so Tag für Tag mache, beantwortete er Bedeutung heischend stets mit den Proust-Worten: »Ich begebe mich auf die Suche nach der verlorenen Zeit«. Was blieb ihm auch anderes übrig? Ein Abbruch, ein Weg zurück, das würde ihn endgültig der Lächerlichkeit preisgeben.

Bereits nach zehn Monaten theoretischer Beschäftigung war es so weit. Er fühlte sich vorbereitet und stark genug, um sein Leben in angewandte Lebenskunst zu verwandeln. Was er in seiner neuen Rolle brauchte, war lediglich ein Notizbuch und einen Stift, dazu wache Augen und offene Ohren.

Die stark frequentierte Renommiermeile der Stadt war ihm von klein auf bestens vertraut. Nun aber bewegte er sich nicht mehr in der Rolle eines durchschnittlichen Passanten, sondern eines Flaneurs ohne konkretes Ziel, Zeitdruck und Hektik. Man sah es ihm an: Dieser Mann hatte und nahm sich Zeit, sehr viel Zeit.

Seine Fortbewegung wirkte planlos und gemächlich. Seine Blicke blieben im Gewühl der Großstadt immer wieder an anderen Fixpunkten hängen, Wahrnehmungen, die er in dichter Abfolge in seinem kleinen schwarzen Notizbuch akribisch festhielt. Er bemerkte es selber nicht, aber im Gewühle der anonymen Masse trafen ihn immer wieder verständnislose Blicke. Nicht selten wurde er angebettelt: »Hey Kumpel, haste mal'n Fuffi für nen Abgestürzten? Gott vergelt's. Falls du mich mal brauchst, ich bin der Arthur.«

Ein Großteil der Passanten reagierte im Gegensatz dazu eher skeptisch: Wo kommt denn der her? Sicher vom Verfassungsschutz. Oder aus dem Irrenhaus. Auf jeden Fall ist er nicht von dieser Welt. Dann schon eher von der Boulevard-Presse. Was macht er denn mit seinem Notizbuch? Ach, wahrscheinlich ist er doch nur ein harmloser Spinner, der niemandem etwas zu Leide tut.

Tag für Tag wurde Heiner Becker im Herzen der Stadt gesichtet. Und er sah Dinge und Situationen, die er zuvor kaum wahrgenommen hatte: zum Beispiel die Ohrfeige, die die verklärte Zeugin Jehovas ihrer kleinen Tochter verpasste, weil sie sich weigerte, auch nach Stunden im Einsatz weitere Passanten mit dem Wachtturm-Heft in der Hand anzusprechen. Auch der elegante ältere Herr mit Silberlocke weckte sein Interesse.

In großzügigster Spendierlaune war er gerade dabei, rote Rosen zu erwerben, zur Verblüffung des Verkäufers wollte er aber nicht nur die angebotenen zehn, sondern gleich den ganzen Kübel. Die gut aussehende Empfängerin könnte möglicherweise seine Ehefrau sein. Der beobachtende Flaneur neigte indes eher dazu, dies auszuschließen.

Gleich daneben auf den Bänken, mit Bier- und Schnapsflaschen üppig versorgt, tummelte sich eine wenig gewinnende Gang aus stark alkoholisierten, grölenden Jugendlichen. Tattoos von oben bis unten. Man trug Schwarz. Den merkwürdigen Herrn mit dem Notizbuch hatten sie offenbar spontan zum Feind auserkoren. Ein Polizeispitzel – keine Frage, ihre Blicke besaßen etwas Bedrohliches. Ihre ausfälligen verbalen Attacken nicht minder. Was hatten sie gegen ihn? Warum wurde ausgerechnet ein harmloser älterer Herr zur Zielscheibe ihrer Aggressionen? Heiner Becker fiel keine Erklärung ein, dafür wuchs bedenklich die Angst in ihm. Da war alle Friedfertigkeit vergebliche Liebesmüh.

War es am Ende eine vollkommen naive, unsinnige Idee, sich nach dem Vorbild legendärer Flaneure in der Tradition großer Literaten zu zelebrieren, so wie Charles Baudelaire, Robert Walser, Fernando Pessoa? Handelte es sich bei ihnen allen letztlich doch nur um sich selbst stilisierende Figuren, die sich dem wirklichen Leben längst entfremdet hatten? Waren sie im besten Fall Dandys, Snobs mit Sendungsbewusstsein auf dem aussichtslosen Pfad später Sinnfindung? Ihnen nachzueifern, völlig sinnlos!

Es war Tag vierzehn seiner neuen Existenz. Ihn beschäftigten gerade wieder kritische Gedanken zu seinen literarischen Vorbildern, da stand er wie aus dem Nichts plötzlich vor ihm: jung, kräftig, vermummt. Es gab keine Zweifel mehr: Er gehörte zu den Unangenehmsten aus der Gang von gestern. Heiner Becker erfasste die Situation noch gar nicht richtig, als sein Gegenüber bereits Klartext sprach: »Verschwinde sofort aus dieser Gegend, Alter, sonst machen wir dich alle!« Vielleicht lag es an der Langsamkeit, die er in seiner neuen Rolle angenommen hatte, aber bevor er irgendwie reagieren konnte, sind aus dem einen Vermummten plötzlich fünf geworden. Dass sie zur Gewalt greifen würden, daran ließen sie keine Zweifel mehr. Sie schlugen mit den Händen wahllos auf ihn ein. Das reichte schon. Blutend stürzte er zu Boden, ohne dass die Angreifer daran dachten nachzulassen. Fußtritte kamen hinzu. War er noch bei Bewusstsein? In Sekundenschnelle verschwand die Gang spurlos.

Rasch bildete die umstehende Menge um das Geschehen einen Kreis, aber niemand griff ein. Rufe nach der Polizei. In Panik näherte sich eine Person, die am blutüberströmten Verletzten erst einmal kräftig rüttelte: »He, ich bin Arthur! Erinnerst du dich? Du hast mir ›nen Fuffi gespendet. Kannst du noch laufen? Wenn ja, dann warten wir nicht leichtsinnigerweise auf die Staatsgewalt. Hast du noch Geld bei dir? Am nächsten Taxistand gibt es Fahrer, die ich kenne. Da rennen wir jetzt zusammen hin: eins, zwei, drei! Los!«

»Hast du eine alte Decke?«, fragt Arthur den Taxifahrer. »Wir wollen ja deinen properen Wagen nicht schmutzig machen.« Der mäßig freundliche junge Mann nahm, nachdem er sich von der Zahlungsfähigkeit seiner merkwürdigen Kundschaft überzeugt hatte, missmutig den Auftrag an. »Schnell, wir fahren erst einmal zu einem Arzt und dann zu meinem Schlafplatz unter der Leoni-Brücke.«

Ein blaues Auge und mehrere Platzwunden, vielleicht auch eine leichte Gehirnerschütterung. Ein gepflegtes Krankenzimmer hätte Heiner durchaus vorgezogen.

Wohnlich konnte man Arthurs Unterschlupf wahrlich nicht nennen. Unklar, was mehr störte: der unerträgliche Verkehrslärm oder der penetrante Fäkalgestank. »Hier können wir nicht bleiben, die Anzahl der Obdachlosen steigt laufend weiter an. Der Kampf um die Schlafplätze wird immer skrupelloser und brutaler. Ich will nicht unverschämt sein, aber ich wage es einfach: Könntest du dir vorstellen, mich für kurze Zeit bei dir zu Hause unterzubringen?«

Irgendwann hat die Selbstlosigkeit ihre Grenzen. Mehr Mut als bei mancher Unternehmensentscheidung musste Heiner Becker bei der Beantwortung dieser Frage zusammenraffen. »Gib mir noch etwas Bedenkzeit!«

Die Zweifel waren nicht so schnell wegzublasen: Mit so einem die Wohnung teilen, einem, der mich am Ende noch bestiehlt oder bedroht? Ich kenne ihn doch überhaupt nicht.

Trotz aller Zweifel und Bedenken: Für ein vorsichtiges Ja reichte es schließlich. »Arthur, es ist mir eine Ehre. Ich heiße Heiner.«

Als sie mit Arthurs überschaubarem Bündel in Heiners gehobener Wohngegend eintreffen, rührten sich, im Anblick des geballten Wohlstands, bei beiden noch einmal ernsthafte Zweifel. »Vor fast zwanzig Jahren wurde ich aus dem normalen Leben gekickt, so viel Luxus und Überfluss werde ich vermutlich kaum noch aushalten.«

Doch der potenzielle Gastgeber stand unerschütterlich weiter zu seinem Entschluss: »Ach was, wir wagen es!«

»Wenn du meinst, Heiner.«

»Wenn ich darf, möchte ich erst einmal duschen. Ich könnte dann, wenn du einverstanden bist, für uns etwas kochen. Hast du etwas im Kühlschrank?«

»Na ja, für Spaghetti aglio e olio reicht es allemal.«

Sie breiteten schonungslos ihre Leben voreinander aus: Arthurs Absturz nach einer Pleite, die ihm sein Kompagnon beschert hatte. Er hinterließ ihm Schulden von fast einer Million. Und danach das Übliche: Trost im Alkohol, dann auch Drogen. Ein Leben, das erst einmal in keiner Hinsicht mehr eine Basis hatte. Dagegen Heiner, der fabelhaft funktionierte, erfolgreich und wohlhabend wurde, aber bei der Suche nach dem Sinn des Lebens völlig ins Leere lief.

»Du suchst also dringend nach so etwas wie einem Sinn. Etwas spät, fürchte ich. Auch deine Dichter und Philosophen, dieser Edgar Allan Poe und dieser Proust und wie sie alle heißen, werden dir dabei, so viel ich von deren Leben weiß, nicht hilfreich sein. Die waren ja eher selbst fragile Existenzen. Die meisten neigten zu Depressionen oder waren irgendwie sonst psychisch krank. Andere waren hoffnungslose Alkoholiker oder konsumierten Drogen. Glücklich war kaum einer von ihnen. Es klingt aus meinem Munde vielleicht etwas unglaubwürdig, aber wir sollten die einmalige Chance, die sich uns jetzt offenbar eröffnet, anders nutzen. Aktiv. Ich habe vielleicht einen Vorschlag.«

Den Plan, den Arthur daraufhin entwickelte, als kühn zu bezeichnen, war eine maßlose Untertreibung. »Pass auf, ich habe mir Folgendes aufgeschrieben: In Deutschland leben nach dem aktuellen Stand etwa 263.000 Menschen ohne Wohnung. Manche davon kommen in Notunterkünften oder bei Verwandten und Bekannten unter oder schlafen in anderen Gemeinschaftsunterkünften. Aber fast 50.000 leben ausschließlich auf der Straße. Und die meisten kommen da nicht mehr weg. Auch mir ist es bis jetzt so ergangen. Aber ich frage dich, sollten nicht alle, die sich das Hirn noch nicht ganz weggesoffen haben, versuchen, etwas daran zu ändern? Ich meine, du solltest eher nicht den Flaneur mimen, sondern deine Fähigkeiten einsetzen, um ..., um mit mir zusammen den Kampf gegen dieses Elend aufzunehmen. Und ich verspreche dir, schon ein kleiner Erfolg wird dir die Sinnfrage beantworten, vielleicht dich sogar glücklich machen.« Heiner kann seine Skepsis nicht länger unterdrücken. Was für einen Traumtänzer hat er sich da nur ins Haus geholt?

»Mein Problem ist, dass ich mich im Augenblick lieber nicht in der Szene sehen lassen sollte. Auf der Straße kennt man sich und kennt man auch mich. Unter den Pennern hat es sich sicher längst herumgesprochen, wer diesen sonderbaren Vogel mit dem kleinen Notizbuch gerettet hat. Da verstecke ich mich lieber noch eine Weile, bevor ich selber noch etwas abbekomme. Ich schätze, wir haben dieselbe Konfektionsgröße, wir könnten dich in meine Klamotten packen und du wandelst dich zum obdachlosen Penner. Tiefer sinken kann man in unserer Gesellschaft fast nicht. Du musst diesen GAU menschlicher Existenz erst einmal selber inhalieren. Ich passe solange auf deine feine Hütte auf und mache mir Gedanken über unser künftiges Geschäftsmodell. Nach zwei, vier Wochen ziehen wir Bilanz.«

Heiner fand das Ganze dann doch etwas sehr ambitioniert. Die Unsicherheit rührte sich wieder. Er, der ehemalige Spitzenmanager, sollte mit stinkenden Pennern unter der Brücke im Rattenloch schlafen? Schwierig, sich so etwas vorzustellen. Frühestens in einer Woche, so Arthur, könnte Heiner sich telefonisch zum ersten Mal wieder melden.

Rasch gingen die acht Tage, in denen sie eine Kontaktsperre verabredet hatten, vorbei. Aber kein Laut von Heiner. Arthurs Unruhe und seine Sorgen um den Freund wuchsen mit jedem Tag und waren bald kaum noch auszuhalten. Dann kam er doch noch, der inzwischen nicht mehr erwartete Anruf. Ein gewisser Freddy war am Apparat und gab das Handy weiter: »Ja, hier ist Heiner, ich lebe noch, trotz der eisigen Nächte, die mir einen heftigen Infekt beschert haben: Fieber, Schüttelfrost, Hustenanfälle. Nette Kumpels haben gedroht, mir die Gurgel durchzuschneiden, wenn ich nicht bald mit dem Gejammer aufhöre. Dies alles, der Lärm, der Gestank, eigentlich nicht auszuhalten. Mein Handy hat man mir gleich zu Anfang geklaut. Zum Glück fand ich Freddy, der Mitleid mit mir hatte, und sogar ein Handy. Solche Menschen gibt es gelegentlich also auch hier. Gemeinheit und Niedertracht habe ich zur Genüge kennengelernt, aber auch das andere: Hilfsbereitschaft, Freundschaft, Solidarität. Es ist nicht alles schlecht. Und nicht alle, die hier herumhängen, haben sich ganz aufgegeben. Ich glaube, wir müssen und wir können etwas tun. Ich hoffe, dass ich bald wieder kregel genug bin, um nach Hause zu kommen. Dann machen wir Nägel mit Köpfen.«

Eine blitzblank geputzte Wohnung und eine satte Portion Spaghetti aglio e olio erwartete den noch etwas angeschlagenen, aber nicht unzufriedenen Heimkehrer. Eine Wohnung, und sei sie noch so einfach und klein, ist für das Leben elementar. Heiner war sich jetzt sicher, und Arthur musste nicht lange überzeugt werden. Als der Spaghetti-Teller leer war, stand praktisch schon das Konzept. Wenige Tage später hatten sie die wichtigsten Fragen bereits abgeklärt.

»Es kommt sicher wie ein Wahnwitz daher, aber wir sollten es trotz aller Skepsis versuchen. Das Wohngebiet, das wir planen, soll dabei helfen, Obdachlose und andere Wohnungssuchende aus ihrer Not zu befreien. Die Betroffenen sollen es aber in Eigeninitiative unter professioneller Anleitung zum großen Teil selber bauen, finanziert von Spenden und Sponsorengeldern«, erklärte Heiner. Ganz ungeniert versuchte er nun, seine alten Beziehungen aus den Managerjahren für die Sache zu nutzen, mit überraschendem Erfolg. Bald war klar: Auf einem riesigen Abrissgelände sollten zunächst als Zwischennutzung hundert Tiny Homes gebaut werden, die Obdachlosen die Chance für einen Neubeginn eröffneten. Niemand wusste zu diesem Zeitpunkt, ob es gelingen würde. Noch waren die Skeptiker deutlich in der Überzahl. Heiner und Arthur aber, die das Projekt angezettelt hatten und es trotz mancher ungeplanten Schwierigkeiten mit Leidenschaft vorantrieben, waren so sehr bei der Sache, dass sie die Möglichkeit des Scheiterns schlichtweg ausschlossen: So sehr die Organisation sie auch forderte, keiner der beiden war bisher so sehr mit seinem Leben einverstanden. Die vielen Lebensjahre ergebnisloser Suche nach dem Sinn haben sie tatsächlich erst einmal hinter sich gelassen.

Nur einen Wunsch hatte Heiner noch: »Wenn das Ganze steht und bewohnt ist, möchte ich mit dir in dem neuen Viertel erst einmal planlos umherschweifen, einfach schauen und genießen, so wie ein Flaneur.«

9 TODESSEHNSUCHT

Das Schild am Eingang des Hauses Heinestraße 3 fiel irgendwie aus der Reihe. Wie kein anderes im Viertel zog es die Blicke der Passanten auf sich, und das lag nicht nur an seiner magisch glänzenden goldenen Oberfläche. Vielmehr war es die Folge einer geradezu kryptischen Aura, die sich offenbar durch die wenigen Worte, die da zu lesen waren, beim Betrachter aufbaute: »Gesellschaft für Weltuntergang, Termine nach Vereinbarung«.

Just vor der Tür mit diesem Schild standen Linda und Friederike und wussten nicht, ob sie klingeln sollten oder nicht. Die beiden jungen Frauen, die das Alter von achtzehn gerade erreicht haben, sind seit ihrer frühen Kindheit aufs Engste miteinander verbunden, man könnte sagen, schon seit ihrer gemeinsamen Zeit in der PEKiP-Gruppe, als sie gerade mal fünf Wochen auf der Welt waren. Ihre vorbildlichen Eltern waren darauf erpicht, mit ihren Töchtern alles richtig zu machen. Und mit dem neuen ambitionierten Prager Eltern-Kind-Programm, auf das sich damals Legionen von Eltern stürzten, schien es zu gelingen, in kleinen Gruppen erste soziale Bindungen zu Gleichaltrigen aufzubauen, zu lernen, die Welt zu begreifen, Grundlagen für ein erfüllendes und bewusstes Leben zu schaffen. Im Kindergarten, in der Grundschule und auch noch in der ersten Klasse des Gymnasiums galten die beiden Freundinnen, wie nicht anders zu erwarten, als lebendige und lebensfrohe Vertreterinnen ihrer Generation.

Dass Kinder beim Älterwerden irgendwann ihre Pubertät durchleben, darauf waren auch die Eltern von Linda und Friederike gefasst. Natürlich würden sie in den nächsten Jahren mehr oder weniger ungenießbar sein. So ist das eben. Ein Reifungsprozess, kein Grund zur Panik.

Doch es kam auf alarmierende Weise anders. Anfangs wollten es die Eltern gar nicht wahrhaben, aber irgendwann war es nicht mehr zu übersehen. Ihre Töchter veränderten sich Tag für Tag in einem Ausmaß, das weit über ihre schlimmsten Befürchtungen hinausging. Mit verklärtem Blick fabelten sie von einer anderen Welt, die sehnlichst auf sie wartete. Das Leben von Linda und Friederike schien jetzt nur noch im Bann eines einzigen Themas zu stehen, einer glühenden, alles beherrschenden Sehnsucht nach dem Tod.

Völlig aufgelöst suchten die Eltern nach den Auslösern dieses irritierenden Bewusstseinswandels. Als sie sich ihre Zimmer vornahmen, stießen sie prompt auf eine stattliche Anzahl mysteriöser Schriften, deren Inhalt sich ausschließlich der Vorfreude auf den Tod widmete sowie auf eine ausführliche Gebrauchsanweisung, wie dieses Ziel möglichst rasch zu erreichen ist. Herausgeber war eine Gruppe, vielleicht so etwas wie eine radikale Sekte, die sich unter dem Namen »Memento Mori« der Verklärung des Todes verschrieben hat. »Wir müssen jetzt alles unternehmen, um unsere Kinder aus diesem Bewusstseinsterror herauszuholen.« Ihre Kinder in den Fängen einer solchen Organisation, das war Alarmstufe Rot. Doch Linda und Friederike verweigerten schon den Ansatz eines Gesprächs darüber. Nicht dass sie depressiv waren, eher verklärt, irgendwie mental weggetreten. »Wir haben uns entschlossen, demnächst unserem Leben ein Ende zu setzen. Unsere ganze Sehnsucht gilt dem Tod«, verkündeten sie erneut und nicht ohne Pathos. »Warum sollen wir in dieser Welt noch viele Jahre nutzlos ausharren, wenn uns der Tod ganz andere Sphären öffnet?«

So etwas hatten die Eltern noch nie aus den Mündern ihrer Töchter vernommen. Noch war es nicht mehr als eine bloße Ankündigung. Aber was ist da in den Köpfen ihrer Kinder passiert? Etwas musste geschehen sein, das an der Wahrnehmung der Eltern völlig vorbeigegangen war. Aber was?

Die jungen Frauen sprachen zu Hause kein Wort darüber. Der Tag, der ihr Leben so endgültig und einschneidend verändert hatte, blieb ihr streng gehütetes Geheimnis. Es war der pure Zufall, der sie bei einem Abendspaziergang in die wenig befahrene Heinestraße in der Vorstadt führte. Am Haus 3 blieb ihr Blick an einem Türschild hängen, das irgendwie etwas Sonderbares hatte: »Gesellschaft für Weltuntergang. Termine nach Vereinbarung« stand da. Keine Telefonnummer.

»Wir klingeln einfach«, verkündete Linda in einem Ton, der jeden Widerspruch der Freundin ausschloss. Sie klingelten: einmal, zweimal, dreimal. Gerade waren sie dabei aufzugeben, als sich im zweiten Stock erst ein Fensterladen, dann ein Fenster öffnete und ein Kopf erschien; ein alter, männlicher Kopf, der jetzt griesgrämig nach unten brüllte. »Es gibt keine Termine. Lassen Sie mich in Ruhe!«

»Wir interessieren uns aber sehr für den Weltuntergang«, rief Friederike nach oben. Und Linda ergänzte: »Auch für den Tod.«

»Moment!«, schallte es jetzt zurück, immerhin eine kleine Nuance freundlicher.

Das Haus Heinestraße 3 hatte schon bessere Zeiten erlebt. Im Treppenhaus bröckelte überall der Putz ab. Ein durchdingender Modergeruch beherrschte das Raumklima. Schlurfend führte sie der Alte in sein auffallend stark verstaubtes Arbeitszimmer und sprach das erste Mal in zusammenhängenden Sätzen, wenn auch weiter in mürrischem Tonfall. »Ja, die Gesellschaft für Weltuntergang, das war meine Idee. Aber ich bin jetzt dabei, sie wieder aufzulösen. Ich dachte, ich könnte dem Tod seinen Schrecken nehmen, Begeisterung für ihn wecken und dem Ableben damit einen kultivierten Charakter geben: Der Weg, den ich unseren Mitgliedern öffnen wollte, war das gemeinsame Warten auf den Weltuntergang, einen letzten Höhepunkt, sozusagen synchron zum Inferno. Aber die Menschen haben heute keine Begeisterung mehr für den Untergang. Der größte Teil möchte möglichst lange leben, wie schrecklich und wie trist das Leben auf diesem Planeten auch immer sein mag. Und die virulenten Fälle, die akuten Suizidkandidaten, wollen keinen Tag mehr länger auf den Weltuntergang warten, sie wollen sich auf schnellstem Weg verabschieden.«

»Aber Sie sind ja auch noch da«, wandte Linda ein. »Warum?«

»Ich wollte die Todeswilligen nicht alleine lassen, solange sie noch nicht ganz am Ziel angekommen sind. Natürlich kann man sich auch losgelöst vom Weltuntergang einfach umbringen. Das wäre für mich aber eine sehr banale Lösung. Selbst ein Teil des Infernos zu sein, das hat schon etwas, einen eigenen Reiz. Für mich unersetzlich. Das Inferno verlangt nach einer qualifizierten Vorbereitung. Die Sache hat nur einen Makel: Trotz unzähliger und immer wieder neuer Ankündigungen, Verheißungen und Prognosen hat der Weltuntergang bis jetzt bedauerlicherweise nicht stattgefunden. Das macht meine Aufgabe nicht leicht. Vielversprechende Hoffnungen gab es schon genug, ob Nostradamus, der Maya-Kalender, der gigantische Vulkan im Yellowstone-Park, seit Jahrhunderten sahen sich Millionen von Willigen immer wieder nur noch wenige Meter von ihrem Ziel entfernt und wurden am Ende schließlich doch bitter enttäuscht. Für meine Gesellschaft keine einfache Situation. Viele Mitglieder sind dabei, den Glauben an den Untergang ganz zu verlieren. Ein massiver Mitgliederschwund macht die Arbeit für einen schöneren Tod nicht leichter. Da musste ich, der Not gehorchend, als Arzt und Helfer auch auf konventionellem Weg eine schnelle Lösung anbieten. Aber, sagen Sie mal, Sie sind zwei junge charmante Frauen, warum sehnen Sie sich eigentlich nach einem alsbaldigen Tod?«

Wortreich, aber nicht bis in jede Sentenz plausibel, versuchten Linda und Friederike ihre Lust auf ein baldiges Ableben zu erklären. Es klang fast so, als wollten sich die schwarz gekleideten Todessüchtigen mit ihrer zelebrierten Sehnsucht nur interessanter machen.

»Wir haben im Internet Kontakt zu einer Vereinigung namens Memento Mori. Noch aber sind wir unerfahrene Neulinge auf diesem Terrain.« Sie waren sich sicher, dass sie auf ihrem Weg zwingend den weiteren Rat und die Begleitung von Fachleuten wie Professor Zurhausen brauchten, dem Mann, der ihnen gegenübersaß.

»Die Organisation Memento Mori ist mir keineswegs fremd«, ließ er einfließen. »Ich sitze dort im Beirat.« Im weiteren Gespräch erfuhren die beiden Besucherinnen aus dem Mund des Betroffenen, mit was für einer Person sie es hier überhaupt zu tun hatten.

Professor Edward Zurhausen war als Facharzt für Psychiatrie lange Jahre in einer Klinik tätig, in der suizidgefährdete Patienten, darunter sehr viele schwere Fälle, medizinisch behandelt wurden. Die meisten der Patienten waren in einer geschlossenen Abteilung untergebracht, die zum Aufgabenbereich des Professors gehörte. Das erklärte Ziel der Klinik bestand darin, die Patienten auf einen Weg der psychischen Gesundung zu führen, sie wieder lebensfähig und lebenswillig zu machen.

Aber offenbar war der Professor an diesem Punkt nicht ganz auf der offiziellen Linie. »Völlig absurd wäre es gewesen«, so erklärte er, »diese akut sterbewilligen Menschen mit ihrer ausgeprägten Todessehnsucht jetzt noch auf unbestimmte Zeit auf den Weltuntergang warten zu lassen. Zu allgegenwärtig war die Gefahr, dass sie auf dem Weg zum Ziel doch noch ihre Meinung ändern und der irrigen Annahme verfallen könnten, dass es letzten Endes doch auf dieser Erde ganz erträglich wäre. Für den Verein und unsere Bemühungen wäre dies einer Katastrophe gleichgekommen. Am Ende würden dann viele gar nicht mehr sterben wollen.«

Der Professor habe in der damaligen Situation gespürt, dass er in dieser Lage unersetzlich war. Es war für ihn zwingend, sein eigenes Ableben notgedrungen auf unbestimmte Zeit weiter zu verschieben. Der kürzeste und schnellste Weg ins Jenseits war in diesen Tagen nicht nur für diese Patienten die beste Perspektive. Dafür habe er gerne auch persönlich die fachliche Begleitung in seine Hände genommen.

Linda und Friederike, die sich das alles kommentarlos anhörten, wollten es sich nicht eingestehen, aber irgendwie wurde ihnen die Selbstbeschreibung des Psychiaters allmählich doch ein wenig suspekt, ja unheimlich. Als sie das Haus Heinestraße 3 wieder verlassen hatten, waren die beiden mehr als irritiert.

»Und ausgerechnet dieser Mann, der die ihm anvertrauten Patienten offenbar auf kürzestem Weg ins Jenseits befördert, soll uns beraten? Ich weiß nicht.«

»Aber wir wollen doch sterben, oder? Wenn wir jetzt kneifen, gelten wir künftig als kleinkariert.«

»Das ist mir egal, ich bin dann wenigstens nicht tot.«

»Wir bleiben dabei!« Am Ende setzte sich Friederike mit ihrer konsequenten Haltung dann doch durch. Einer Bitte von Linda wollte sie sich aber des lieben Friedens wegen nicht verschließen. »Wir wissen über den Professor augenblicklich nur das, was er selbst von sich erzählt hat, also ziemlich wenig. Ich schlage vor, wir machen uns erst einmal selber kundig.«

Das Informationsangebot zu seiner Person im Internet war nicht gerade üppig. Ganze neun Einträge zum Stichwort Edward Zurhausen fanden sich dort. Manche davon waren sehr vage formuliert, sprachen zum 15-jährigen Dienstjubiläum von langjähriger, erfolgreicher Arbeit in der Klinik. Andere äußerten sich geradezu euphorisch, aber das waren ausschließlich die Selbstdarstellungen des Vereins.

Es dauerte etwas, aber dann stießen die beiden auf eine elf Jahre alte Pressemitteilung der Staatsanwaltschaft. »Verfahren gegen den leitenden Psychiater der städtischen Klinik mangels Beweise eingestellt. Verdacht der Beihilfe zum Suizid nicht erhärtet.«

Das machte die beiden dann doch hellhörig. Wenig später teilte die Klinik der Presse mit: »Professor Zurhausen in den Ruhestand verabschiedet«. Vorzeitig, sieben Jahre vor dem eigentlichen Termin, wie dem weiteren Text zu entnehmen war. »Da stimmt etwas nicht.« Die beiden waren sich einig und gleichzeitig alarmiert: Hatte er vielleicht auch solche Patienten ins Jenseits befördert, die längst nicht mehr sterben wollten?

Die Angelegenheit ließ sie nicht zur Ruhe kommen. Linda und Friederike waren sich einig, dass sie noch nicht am Ende der notwendigen Wahrheitsfindung angekommen sind.

Am nächsten Tag wollten sie bei Linda gemeinsam frühstücken und die Lage besprechen. Linda wusste, dass Friederike in der Regel außerordentlich pünktlich war. Punkt zehn standen dampfender Kaffee und frische Croissants bereit. Ganz so pünktlich wie sonst schien die Freundin aber heute offenbar nicht zu sein. Linda wartete bis Viertel nach zehn, dann noch weitere fünfzehn Minuten, aber die Freundin tauchte nicht auf. Auch nicht als sich der Zeiger der Uhr bereits der nächsten vollen Stunde annäherte. Das war für Friederike sehr ungewöhnlich. Ob sie jetzt lieber doch bei ihr zu Hause anrufen sollte? Niemand da. Auch am Handy meldete sich nur die Mailbox. Irgendwie rührte sich bei Linda eine wachsende Unruhe. Friederikes Eltern waren beide berufstätig. Wie sie zu erreichen waren, keine Ahnung. Vielleicht sollte sie es doch einmal bei der Polizei versuchen?

»Sind Sie eine Angehörige? Nein? Wir bitten um Ihr Verständnis, dass wir in diesem Fall keine Auskünfte erteilen dürfen.« Lindas Unruhe schaukelte sich je länger, je mehr zu einer handfesten Panik hoch. »Da stimmt etwas nicht. Sie wollte mit dem Fahrrad kommen. Es muss ihr etwas zugestoßen sein.« Das ergebnislose, stundenlange Warten war kaum noch auszuhalten. Es dauerte fast fünf Stunden, da meldete sich der Vater der Freundin am Telefon. »Friederike wurde in einen Unfall verwickelt. Sie liegt im Krankenhaus.«

»Ist sie in Lebensgefahr?«

»Wir wissen es nicht, auf jeden Fall sollen wir uns in der Intensivstation melden.«

Im Vorraum der Intensivstation stieß Linda, die sich stehenden Fußes auf den Weg gemacht hatte, auf Friederikes Eltern. Ihre Gesichter waren ohne jede Hoffnung. Ein Motorrad hatte ihr rücksichtslos die Vorfahrt genommen. Jetzt lag sie mit schweren Kopfverletzungen im Koma, sie war ohne Bewusstsein. Ob sie jemals wieder aufwachen würde, könnte heute niemand sagen, erfuhr die Freundin. Viele Tage und Stunden verbrachte Linda in den folgenden Wochen am Krankenbett der todgeweihten Freundin. Und wenn sie mit Friederike alleine im Krankenzimmer war, sprach sie mit ihr: »Für dich hat sich die Tür zum Jenseits einen Spalt weit geöffnet, dein lang ersehntes Lebensziel wird bald erreicht sein, dein Tod. Ich werde versuchen, dir baldmöglichst nachzufolgen, und hoffe, dass jetzt niemand auf die absurde Idee kommt, dich mit Gewalt am Leben zu halten.«

Linda wollte den Abend über noch alleine bei Friederike auf der Station ausharren. Aber was war das für ein Geräusch, das sie gerade zu hören glaubte? Sicher hat sie sich getäuscht. Kurz danach aber, dasselbe noch einmal. Ob sie aus dem Koma aufwacht? Friederike bewegte sich jedenfalls, sie versuchte sogar, sich zu artikulieren. Es musste etwas Wichtiges sein, das sie mitteilen wollte. Mühsam nahm sie ihre noch verbliebenen Kräfte zusammen. Verschwommen und leise gab sie erste Laute von sich. Es war nicht zu verstehen. Doch dann schaffte sie tatsächlich zwei ganze zusammenhängende Sätze: »Hör zu, ich will gar nicht sterben. Ich möchte leben!«

Zwei Wochen später findet sich in der Lokalpresse folgender Artikel »Skandal in der städtischen Klinik. Oberarzt der psychiatrischen Abteilung der Beihilfe zum Suizid in mehr als dreißig Fällen überführt. Der Fall wurde öffentlich, nachdem zwei junge selbst betroffene Frauen die heimtückischen Tötungspraktiken des leitenden Psychiaters aufgedeckt hatten. Auch wenn das Tatmotiv noch nicht in allen Details geklärt ist. Der beschuldigte Psychiater hat inzwischen eine persönliche Erklärung abgegeben: ›Als Arzt und Humanist habe ich mich verpflichtet gefühlt zu handeln. Die Todessehnsucht meiner Patienten konnte ich nicht einfach ignorieren. Ich habe die Last des Lebens von ihren Schultern genommen – aus Menschenliebe.‹«

10 BELLE ÉPOQUE

Zwei überdimensionale Koffer stehen schon seit Stunden herrenlos in der Eingangshalle des Hauses Gärtnerstraße 5. Die meisten, die vorbeikommen, ignorieren sie. Nur einige der Passanten drücken in ihren Blicken ein gewisses Unbehagen aus und den leisen Verdacht, dass hier etwas nicht stimmt.

»Hier ist Berger, meine Eltern ziehen heute bei Ihnen ein. Eigentlich wollte ich mit ihnen vor Ort sein, aber mein Flug ist ausgefallen. Am Mobiltelefon erreiche ich sie seit Stunden nicht. Wissen Sie vielleicht, wo ich sie auffinden kann?«

Weder in der Direktion noch am Empfang kann man dem erregten Sohn weiterhelfen. Auch im soeben verlassenen Haus der Bergers ist niemand auffindbar. Der Umzug in die noble Altersresidenz Belle Époque ist seit Langem geplant. Sohn und Tochter wollten heute mit anpacken, bei diesem emotional nicht ganz unbelasteten Umzug der Eltern – mutmaßlich ihrem letzten. Aber die Eltern sind aus irgendwelchen Gründen verschwunden, einfach weg. Nur die beiden Überseekoffer wurden nach der Mittagspause schließlich vom Hausmeister entdeckt – nicht aber deren Besitzer.

Die Kinder des Paares hatten von klein auf ein durchgehend positives Verhältnis zu ihren Eltern. Jetzt, in deren Alter, hat es natürlich vor allem fürsorglichen Charakter angenommen, beanspruchte sehr viel Zeit, die es meistens gar nicht gab. Aber, es sollte Mutter und Vater weiterhin richtig gut gehen, auch wenn sie jetzt mit ihren 85 und 87 Jahren nicht mehr in ihrem Einfamilienhaus mit dem einmalig schönen Garten leben können. Das ist einfach nicht mehr zu bewältigen, selbst wenn die Kinder mithelfen, so gut wie sie es eben neben ihren anspruchsvollen Berufen und ihren eigenen Familien können. Dass es oft auch lästig war, niemand der Beteiligten hätte gewagt, es auszusprechen.

Eine Sorge gibt es immerhin nicht: Geld ist genügend vorhanden, bei den Eltern, auch bei Tochter Hanna und Sohn Martin. Es ist für sie wirklich kein riskanter finanzieller Kraftakt, ihre Pläne, die etwas teurere Residenz zu beziehen, umzusetzen, obwohl sie zuletzt daran zu zweifeln begannen.

Eigentlich stand die Adresse schon vor der Entscheidung längst fest. Vater Hans Berger hat diese luxuriöse Altersresidenz nämlich einst selbst entworfen und gebaut. Als der Bauherr, eine Wohnungsbaugesellschaft, damals auf ihn zukam, besaß er als Architekt bereits einen sehr guten Namen und an Aufträgen fehlte es keinesfalls. Was ihn an dem Projekt reizte: Die Auftraggeber wollten etwas ganz Besonderes: »Sie müssen nicht kleinlich auf die Kosten achten, wir wollen ein Haus der absoluten Premium-Klasse, das dem Alter neuen

Glanz gibt. Wir sehen keine Probleme, alle Wohnungen rasch zu vermieten, Luxus geht immer. Der Markt für Seniorenwohnungen entwickelt sich erfreulich dynamisch. Das ist unsere Zukunft.«

Es lag sehr nahe, dass Maria und Hans Berger in die Residenz an der Gärtnerstraße einziehen würden. Schließlich wäre es ein Domizil, das keine Wünsche offenlässt. Und es würde den Kindern eine Last von den Schultern nehmen.

Dann wurde es konkret: Was wird dann aus meinen Rosen? Was wird aus meiner Bibliothek? Unser Haus steckt voller Erinnerungen, das ist – oder soll ich besser schon sagen – das war unser Leben. Und jetzt sollen wir dieses Leben in zwei Koffer packen!

Die Diskussionen mit Hanna und Martin wurden intensiver, hartnäckiger und schließlich auch laut: »Ihr bekommt das Paradies auf Erden.«

»Für meine Verlegung ins Paradies hat es noch ein bisschen Zeit.«

»Was sollen Menschen sagen, die anders als ihr in ein stinknormales Altersheim gesteckt werden?«

»Dann lieber doch gleich das volle Grauen«, zischte der tief verletzte Vater.

»Vergiss nicht, du hast diese Residenz mit voller Überzeugung selbst gebaut.«

Im Grunde wussten die Alten längst, dass keine Alternative zur Debatte stand. Die Zeiten, als sie oft tagelang ihre Enkel im Haus hatten, auch wenn es unterm Strich recht kräftezehrend und zuweilen auch lästig war, in der Erinnerung hafteten sie als Tage voller Glück. Das Ehepaar führte zudem ein offenes Haus, häufig Besuche von Freunden, viele unvergessliche Feste. Und jetzt: alles Vergangenheit?

Doch die Realität forderte ihren Tribut. Maria Berger spürte Tag für Tag mehr, worüber sie mit niemand sprach: Das Treppensteigen fiel ihr zunehmend schwer, die Sturzgefahr nahm spürbar zu. Das Gedächtnis bröckelte. Noch wähnte sie sich im Vollbesitz ihrer geistigen Fähigkeiten, noch konnte sie über die Gefahr einer möglicherweise aufkommenden Demenz selber nachdenken. Wann wird die Krankheit sie voll im Griff haben?

Das schreckliche Wort »alternativlos« machte sich breit. Freudlos hatte das Ehepaar schon vor Jahren seine Unterschrift unter den umfänglichen Residenzvertrag gesetzt. Was die beiden einigermaßen beruhigte, immerhin war man auch als Pflegefall dort gut aufgehoben, ein Pflegedienst rund um die Uhr im Haus. Wenn das Wohnen im eigenen Apartment nicht mehr möglich sein würde, stünde eine hausinterne Pflegestation zur Verfügung, zu kalkulierbaren Zusatzkosten, wie betont wurde.

Der Umzugstermin rückte näher. In zwei großen Überseekoffern sollten jetzt ihre beiden Leben Platz finden, oder das, was von ihren Leben übrigbleiben durfte. Es handelte sich um zwei Koffer mit einer eigenen Geschichte.

Hans hatte mit seiner Freundin Marie einst einen kühnen Plan: Bei einer Rucksackreise durch Neuseeland begegneten sie damals zufällig einer Gruppe von jungen Architekten, jungen Wilden, könnte man sagen. Auf der Südinsel wollten sie den Traum eines Architektenkollektivs und ein gemeinsames alternatives Wohnprojekt verwirklichen, direkt am Meer, in fast unberührter Natur. Der Funke sprang über. Hans und Marie wurden nach einigen Tagen intensiven Kennenlernens von John, Abigail und ihren Freunden eingeladen, mit von der Partie zu sein.

Die Pläne waren schon weit fortgeschritten, da wurde Freundin Marie ungeplant schwanger. Jetzt ans andere Ende der Welt umzuziehen, das wollte sie weder sich noch ihren Eltern zumuten. Die Freundin jetzt im Stich zu lassen, das kam für Hans keine Sekunde in Betracht. Es folgten konfliktreiche Wochen. Schließlich blieben sie, bar aller Träume, nolens volens im Land, mit allen Konsequenzen für ein beruflich erfolgreiches, aber konventionelles Leben.

Die beiden Überseekoffer für den Umzug waren zu diesem Zeitpunkt schon angeschafft. Sie blieben leer, standen seit Jahrzehnten ungenutzt auf dem Speicher. Jetzt aber sollten sie doch noch ihren Auftritt bekommen, beim Umzug in die Altersresidenz.

Noch immer sind die Eltern spurlos verschwunden. Im Haus, das noch nicht entrümpelt ist, hoffen Hanna und Martin in einer akribischen Suche irgendwelche Hinweise zu finden. Es dauert Stunden. Ein Brief ist es, der den beiden schließlich die Augen öffnet. Dem Poststempel nach sieben Tage alt:

»Sehr geehrtes Ehepaar Berger. Wir wollen Sie darüber informieren, dass unsere Altersresidenz zum Jahreswechsel in neue, sorgfältig ausgewählte Hände übergeht. Für Sie bleibt im Prinzip alles beim Alten. Lediglich im Pflegebereich müssen Sie mit kleineren Veränderungen rechnen. Wenn Sie im Laufe Ihrer Zeit in unserem Haus hochgradig pflegebedürftig werden sollten, müssten wir Ihnen aus wirtschaftlichen Gründen aber leider eine andere Lösung empfehlen.«

Die Geschwister sind sich einig: Das haben ihre Eltern nicht einfach so hingenommen.

Hanna und Martin geraten jetzt endgültig in Aufruhr. Die Eltern sind definitiv seit mindestens sechsunddreißig Stunden verschwunden. Dieser Brief aus der Altersresidenz, das war offensichtlich für sie unerträglich. Aber wo sind sie jetzt? Sie haben sich hoffentlich nichts angetan? Auch die Vermisstenanzeige bei der Polizei führt zu keinen neuen Erkenntnissen. Selbst die Freunde und Verwandten wissen nichts. Ängste und Aufruhr steigern sich von Tag zu Tag.

Endlich: Nach weiteren acht Tagen trifft bei Hanna und Martin eine SMS-Nachricht ein. »Herzliche Grüße aus Neuseeland! Uns geht es gut. Wir sind bei John und Abigail in deren Wohnprojekt, wo inzwischen auch ihre Kinder und Enkelkinder mit ihren Familien leben. Ganz schön lebendig hier.

P.S.: Schickt uns bitte unsere Überseekoffer nach, wir bleiben hier. Und, falls ihr später mal nachkommen wollt, gerne.«

Es ist noch anzumerken: Wie die beiden Alten es letztendlich geschafft haben, sich ganz spontan und ohne lange Vorbereitungen nach Neuseeland abzusetzen, das Geheimnis werden sie wohl mit ins Grab nehmen. Sie meinen: »Hauptsache, es hat geklappt.«

Manfred Mai
**Was für ein Glück –
mir send Schwoba**
Regionalgeschichte
160 Seiten, 14,8 x 21,5 cm,
Hardcover
ISBN 978-3-8392-2503-5

Über Schwäbinnen und Schwaben und das Land, in dem sie
leben, ist schon viel geschrieben worden. Aber noch nie, wie
Manfred Mai es in diesem Buch tut. Der waschechte Schwabe
erzählt unterhaltsam und kenntnisreich von den Besonder-
heiten seiner Heimat und seiner Landsleute. Augenzwinkernd
blickt er auf sein Ländle.
Auf der beiliegenden CD finden sich elf originelle Lieder in
schwäbischer Mundart. Eigens für dieses Buch komponiert
hat sie der aus Winnenden stammende Musiker und Lieder-
macher Martin Lenz.
Zusammen ergibt das eine literarisch-musikalische Reise
durch das Schwabenland.